Die Zukunft der Immobilienwirtschaft. Verantwortung für Gesellschaft und Umwelt

Fakten + Köpfe Verlagsgesellschaft, Groß-Gerau 2021

ISBN 978-3-9815157-7-0

Aus Gründen der besseren Lesbarkeit wird auf die gleichzeitige Verwendung verschieden-geschlechtlicher Sprachformen verzichtet. Die Verwendung des generischen Maskulinums wird geschlechtsabstrahierend verstanden.

Herausgeberin: Sabine Eckhardt, Frankfurt am Main
Redaktion: Dr. Kurt E. Becker, Emmendingen; Susanne Theisen-Canibol, Groß-Gerau
Korrektorat: Günter Neeßen, Frankfurt am Main

Layout und Satz: SatzWerke, Rüsselsheim
Covergestaltung: Diana Bootz, JLL Germany, Corporate Communications
Coverbild: Fritz Philipp im Auftrag von JLL Germany
Logo Finreso: Anastasia Kromm, JLL Germany, Corporate Communications

Druck und buchbinderische Arbeiten: Grafisches Centrum Cuno GmbH & Co. KG, Calbe

Sabine Eckhardt (Hrsg.)

DIE ZUKUNFT DER IMMOBILIENWIRTSCHAFT

Verantwortung für Gesellschaft und Umwelt

fakten + köpfe

Inhalt

Die Wirklichkeit im Wandel

Wir leben in einer Ära der Veränderung, wie wir sie in dieser Dynamik noch nie zuvor erfahren haben – und zwar in allen Lebens- und Arbeitsbereichen. Die Welt von morgen erschien noch nie so ungewiss, die Welt von heute umso disruptiver. Und der Blick auf die Welt von gestern übersieht allzu gern, dass die Herausforderungen von heute dort entstanden sind. Genauso wie das Potenzial zur Erneuerung und Verbesserung für die Zukunft.

Ganz fraglos: Seit März 2020 bestimmt Covid-19 unser aller Bewusstsein und auch einen großen Teil unseres täglichen Lebens. Die Pandemie zeigt sich als das, was der Name sagt: als globales Geschehen von erheblicher Tragweite, das Grundstrukturen unseres Verhältnisses zueinander und zur Welt freilegt. Ein Virus prüft unsere Lebens-, Gesellschafts- und Arbeitsweise und offenbart die jeweiligen Schwachstellen. Und es lässt eine zumeist staatlich verordnete Ruhe und manchmal eine individuelle – persönliche oder unternehmerische – Besinnung einkehren.

Die Pandemie ist also der Ausgangspunkt von Ereignissen und deren Folgen, die sich sowohl als verhängnisvoll denn auch als hilfreich erweisen können. Was letztlich überwiegt, wird die Zukunft zeigen.

Der Ausnahmezustand als Alltagsphänomen

Allerdings erleben wir schon seit Längerem den Ausnahmezustand als Alltagsphänomen. Denn die aktuellen Krisen, die ich kurz skizzieren möchte, sind vielfältiger Natur. Und sie führen zu der Frage, welche Relevanz all diese Wirklichkeitsaspekte für die Immobilienbranche haben.

Unterhalb unserer Corona-Wahrnehmungsschwelle finden ja nicht nur geopolitische Verschiebungen statt, auch ganze Gesellschaftsstrukturen verändern sich. Das konnten wir zum Beispiel bei der Präsidentschaftswahl 2020 und den Geschehnissen danach in den USA beobachten. Ein Gefühl umfassender Unwirklichkeit, genauer: allgemeiner Unsicherheit, was denn überhaupt noch real ist und was nicht, woran man sich halten kann und woran nicht, ist in unserer Mitte angekommen – ein Gefühl also, das wir eigentlich Psychotikern zuschreiben.

Dass sich dieses Gefühl der Unwirklichkeit in unserem Alltag eingenistet hat, ist beunruhigend und verstörend. Kriege, Flüchtlingsströme und Terror sind fester Bestandteil der täglichen Nachrichten. Gleichzeitig erleben wir Globalisierungs- und De-Globalisierungsentwicklungen, verbunden mit vergeblichen Rufen nach der einen, der vereinten Welt. Aber leider finden sich (noch) keine gemeinsamen Antworten auf beispielsweise die Klima- oder die Verteilungskrise. Auch ist der Innovationsgrad etwa bei der so wichtigen Digitalisierung allein schon in der Europäischen Union je nach Mitgliedsland sehr unterschiedlich. Was bedeutet dies alles für die Immobilienbranche und welche Realitätsaspekte werden prägend für deren Zukunft sein?

Drei globale Themen bestimmen die Zukunft der Immobilienbranche

Wesentlich sind es drei globale Themen, die unsere immobile Zukunft prägen werden:

- ◆ die Globalisierung – respektive De-Globalisierung,
- ◆ die Nachhaltigkeit in all ihren zahlreichen Facetten und Aspekten
- ◆ und last but not least die Digitalisierung.

Schauen wir auf diese globalen Themen im Einzelnen: Die Globalisierung respektive De-Globalisierung ist im Prinzip ein altbekanntes Phänomen in der Immobilienbranche. „Think global, act local" ist eine Maxime, die dem international agierenden Investor selbstverständlich ist. Globalisierung respektive De-Globalisierung beschreibt eine ganz konkrete Realität der Immobilienwelt – wie sie schon immer war, heute ist und auch morgen sein wird.

Das Thema Nachhaltigkeit gewinnt deutlich an Dynamik seit der „Fridays for Future"-Bewegung, geht aber letztlich zurück auf den Club of Rome mit seiner Hypothese von den „Grenzen des Wachstums". Von den vielfältigen Aspekten längst überfälliger Nachhaltigkeitsmaßnahmen sind in der Immobilienbranche schon viele angekommen: etwa die CO_2-Reduzierung im Energiehaushalt von Gebäuden oder die Planung ganzer Städte im Blick auf deren Gebäudebestand, die Neuplanung von Quartieren und Stadtteilen sowie sinnvolle Infrastrukturmaßnahmen von besonderer Relevanz. Eine nicht zu unterschätzende Dringlichkeit haben dabei die Nachrüstung bestehender Gebäude unter Gesichtspunkten der Energieeffizienz und die große Frage nach den künftigen Maßstäben der Urbanisierung in einem übergreifenden Kontext.

Die unternehmerische Verantwortung

Zunächst: Nachhaltigkeit, Digitalisierung und alle damit verbundenen Fragen stehen an erster Stelle einer generellen Prioritäten-Liste jeder unternehmerischen Programmatik. Alles, was wir tun, wird wesentlich bestimmt durch diese beiden Megatrends. Zur Nachhaltigkeit zählen im Übrigen auch alle Maßnahmen der Gesundheitsvorsorge für die aktuelle Pandemie genauso wie für alle hypothetischen künftigen Pandemien.

Als Unternehmen ist sich JLL seiner Verantwortung im Hinblick auf die Umwelt- und Klimakrise sehr bewusst und richtet sein unternehmerisches Handeln entsprechend aus. Wir haben uns als Unternehmen etwa durch die Unterzeichnung des „Net Zero Carbon Building Commitments" des World Green Building Council verpflichtet, bis 2030 in allen von uns genutzten Gebäuden einen Netto-Null-CO_2-Ausstoß zu erzielen. Darüber hinaus befürworten wir auch einen Netto-Null-Ausstoß-Ansatz für unsere Kunden und Lieferanten. Wesentlich wollen wir dies durch das Vorantreiben der Nutzung erneuerbarer Energien und die Verbesserung der Energieeffizienz unseres Portfolios erreichen. Durch diese Nachhaltigkeitsziele und die Beratung und Dienstleistungen, die wir unseren Kunden anbieten, werden wir daran arbeiten, unseren Unternehmenszweck zu erfüllen: Immobilien künftig so zu gestalten, dass sie eine bessere Welt ermöglichen.

Die Digitalisierung unserer Welt hat sicherlich einen genauso großen Einfluss auf unsere Branche wie die Ökologisierung. Und beide Entwicklungen ergänzen einander. Zukünftig wird es kaum einen Bereich der Immobilienwirtschaft geben, der nicht digital appliziert sein wird. Hinzu kommt, dass die Digitalisierung auch die Steuerung ökologischer Maßnahmen erleichtert, Stichwort: Smart Home und Smart City. Und nicht zuletzt hat die Corona-Pandemie aufgezeigt, dass das sogenannte Home Office ein wesentliches Momentum künftigen Arbeitens sein wird.

Die enge Verzahnung von Leben und Arbeiten

Mit der Erfindung des World Wide Web hat nicht nur die Globalisierung einen dynamischen Schub erlebt, auch unsere Lebens- und Arbeitswelt begann sich zu verändern. Sie wurde hybrid, verschmolz zwei Welten. Und spätestens seit der umfassenden Nutzung von Smartphones ist die Hybridität, die enge Verzahnung von Leben und Arbeiten, in unserem Alltag angekommen und wird sich aus diesem Alltag auch nicht mehr verabschieden. Das Phänomen Home Office, das in der Pandemie in unserer Wahrnehmung und in der der Medien eine Hochzeit erlebt, kann dabei eher als Nebenkriegsschauplatz angesehen werden. Sicher: Wir erleben gerade eine Hybridisierung der Arbeitswelt mit einem firmenindividuellen Austarieren von Home Office und Büropräsenz. Dieses Verhältnis wird sicher noch häufig angepasst werden müssen, um den jeweils richtigen Mix zu finden. Fakt ist aber schon jetzt, dass hybride Arbeitssituationen zwei interessante Auswirkungen haben werden: eine Regionalisierung des Wohnungsmarktes, die Druck aus den überhitzten Ballungszentren nehmen kann. Und eine neue Gestaltungsphilosophie für die Büros der Zukunft, die das Ende der Arbeitswaben bedeuten wird.

Aber schauen wir en détail auf das Phänomen Home Office.

Wer heute über die Arbeitswelt spricht, spricht zuallererst über Home Office. Aus der Not geboren, wurde es zum „Heilsbringer". Home Office wird landauf, landab als die Lösung gefeiert. Aber ist es wirklich die Lösung?

Hier ist eine deutlich differenzierte Betrachtung nötig. Zunächst ist dies eine – sagen wir vorsichtig – „elitäre" Debatte, denn Home Office ist nur einem bestimmten Teil der Bevölkerung möglich. Kein Home Office in der Produktion, im Handel, im Gesundheitswesen, im Tourismus, im Nah- und Fernverkehr, beim Transport, in der Gastronomie und so weiter. Fakt ist aber, dass in den Bereichen, wo Home Office praktiziert werden kann, Arbeit und Freizeit immer mehr verschwimmen. Und wenn wir ehrlich sind, können wir die Auswirkungen auf den Menschen selbst, aber auch auf die Gesellschaft als Ganzes noch überhaupt nicht absehen. Sind Menschen zu Hause glücklicher? Oder ist das Arbeiten in Isolation eher eine Belastung?

Und auch die Arbeitgeberseite betritt Neuland: Sind Mitarbeiter tatsächlich – wie häufig behauptet – im Home Office produktiver? Oder doch nicht? Wie misst man eigentlich Produktivität in diesem Kontext? Welche Auswirkungen hat Home Office auf Führung – und auf „Geführt-werden"? Was bedeutet es für die Weiterentwicklungsmöglichkeiten von Mitarbeitern? Was für das Miteinander mit den Kollegen? Wo bleibt das „Identitätsstiftende" eines Büros, einer Arbeits-Gemeinschaft?

Schnell führen uns diese Gedanken zu Themen wie Mitarbeiter-Zufriedenheit, dem War for Talents, der Mitarbeiterbindung. Und damit auch zu der Frage, ob der „Home-Arbeiter" in der Vorstadt nicht schnell durch den „Home-Arbeiter" im Nachbarland oder in Indien ersetzt werden kann.

Und das gilt natürlich auch andersherum. Ohne Bindung wird der Arbeitgeber ebenfalls schneller austauschbar. Wichtige Fragen, die man bei aller Euphorie nicht vergessen sollte. Denn Home Office ist weit mehr als die technische Umsetzung dezentralen Arbeitens.

Auch hier ist der Bogen zur Immobilienbranche schnell geschlagen, wie ich an drei Thesen aufzeigen will.

1. Das Office kommt ins Heim und Home Office bedeutet mehr Platzbedarf zu Hause. Niemand will dauerhaft acht Stunden am Küchentisch sitzen. Ein Arbeitszimmer muss her. Auf zehn Quadratmeter schätzen unsere Wohnexperten den Mehrbedarf zukünftig. Und damit sind in der Regel Wohnungssuche und Umzug in größere Wohnungen sowie Häuser verbunden. Diese größeren Flächen müssen jedoch oft erst noch entstehen. Und sie müssen finanziert werden. Der Vorlauf dafür beträgt oftmals Jahre, wenn nicht gar Jahrzehnte. Denn es wird zu wenig gebaut und die bürokratischen Hürden sind oft zu hoch. Dazu kommt, dass man sich diese größere Wohn- und Home-Office-Fläche auch leisten können muss. Denn das Mietpreiswachstum geht unvermindert weiter.

   Kann der Arbeitnehmer diese Kosten schultern oder erwartet die Gesellschaft, dass der Arbeitgeber sich daran beteiligt? Auch hier tauchen viel mehr Fragen auf, als man auf den ersten Blick denkt. Und Antworten hat darauf bisher kaum jemand.

2. Home Office bedeutet weniger pendeln. Was bedeutet das für den eigenen Wohn-Ort? Zieht man nun weiter weg vom Arbeits-Ort? Und wenn ja: Gibt es da genug passenden Wohnraum?

   Wohin genau pendelt man also? Mitten hinein in die klassischen Metropolen wie Frankfurt, Berlin oder München? Oder eher in den Speckgürtel, an die äußersten Ränder der Stadt? Dort entstehen neue, zentralisierte Büros an der Peripherie. Eine Entwicklung, auf die der Immobilienmarkt bisher noch gar nicht eingestellt ist. Zwischen 2015 und 2019 waren 69 Prozent der Büroanmietungen in den „Big 7" – Berlin, Hamburg, Düsseldorf, Köln, Frankfurt, Stuttgart und München – auf dezentrale Lagen entfallen. 2020 waren es sogar 74 Prozent. Ob dies wirklich ein nachhaltiger Trend ist, bleibt abzuwarten. Denn längst nicht alle Unternehmen können diesem „Club und Hub"-Modell etwas abgewinnen.

Weniger pendeln heißt vermutlich weniger Verkehr, weniger Staus. Aber eben auch weniger Nachfrage nach Mobilität. Also sinkende Umsätze für die Mobilitäts-Industrie, inklusive des öffentlichen Nahverkehrs.

Hier warten viele spannende Chancen für Smart Cities. Verkehrssteuerung, Parkraum-Management, CO_2-Ersparnis. Es lohnt ein Blick nach Darmstadt, das unter dem Motto „Smart, smarter, Digitalstadt Darmstadt" inzwischen auf dem Weg zur digitalen Modellstadt ist.

3. Home Office bedeutet auch veränderte Anforderungen an das klassische Büro. Weniger „Kästchen" mit dem Charme von Batterien für Legehennen, weniger Quadratmeter-Optimierung, weniger Bedarf an Einzelbüros.

Dafür aber mehr Bedarf an kooperativen Flächen, an Teamarbeit, an Austausch, Kollaboration, kreativem Arbeiten und damit an Innovation.

Damit beschreiben wir zwei auf den ersten Blick sehr widersprüchliche Trends. Weniger Flächenbedarf wegen Home Office – und gleichzeitig mehr Bedarf an Fläche wegen Home Office.

Welcher Trend sich durchsetzen wird, ist schwer abzuschätzen. Im Moment überwiegt die Unsicherheit. Aber beide Phänomene, das gehört zur neuen Komplexität, sind gerade zu beobachten.

Die Zukunft der Arbeit ist hybrid

Dabei darf ein Blick auf die qualitative Komponente der „Heimarbeit" nicht fehlen.

Kein Home Office ohne Videokonferenz, ohne Teams oder Zoom. Welche Auswirkungen hat das auf die Zukunft der Arbeit? Mittlerweile wissen wir, dass ein großer Teil unserer Meetings tatsächlich online durchgeführt werden kann. Nicht für jedes Zusammentreffen ist eine Dienstreise oder gar ein Flug notwendig. Das ist auf jeden Fall schon einmal etwas sehr Positives.

Aber auch hier gibt es ein „Aber". Jedes Online-Meeting bedarf einer Terminierung und des Formalismus. So entstehen neue Prozesse, die viel aufwendiger sind als das oft ungeplante, zwanglose Gespräch auf dem Flur oder vor der Kaffeemaschine. Oder der schnelle Besuch im Nachbarbüro. Viele beiläufig geführte Diskussionen haben schnell, unkompliziert und effizient Entscheidungen ermöglicht. Nun werden Entscheidungen komplizierter, starrer, langsamer und damit ineffizienter. Dazu kommt noch ein Trend, den wir aus der E-Mail-Kommunikation kennen: der große Verteiler – das gilt auch für den oft zu großen Teilnehmerkreis vieler Online-Meetings.

Also auch in der Kommunikation und Entscheidungsfindung halten sich vermutlich Vor- und Nachteile die Waage. Weniger Reisen, weniger CO_2, weniger Kosten und (Reise-)Zeitersparnis auf der positiven Seite. Kompliziertere, formalisierte, langsamere und damit ermüdende Prozesse auf der negativen.

Fakt scheint mir, dass die Zukunft der Arbeit weder Home Office noch Büro heißt. Die Zukunft der Arbeit ist hybrid. Unsere Analysen gehen zum Ende des Jahres 2020 davon aus, dass Arbeitnehmer, die die Wahl haben, im Schnitt zwei von fünf Arbeitstagen in der Woche zu Hause verbringen möchten – die Mehrheit also im Büro.

Denn Corona hat uns auch den Wert des Büros als relevanten Lebensorts vor Augen geführt. Die Entwicklung einer neuen Denk- und Gestaltungsweise hatte sich bereits vor der Pandemie abgezeichnet, nun nimmt sie spürbar Fahrt auf. Aus Büros werden Kommunikationszentren, Arbeitsplätze werden flexibilisiert, damit sie je nach Präsenz von mehreren Kollegen genutzt werden können. Dadurch verändern sich auch die Ansprüche an die gewerbliche Architektur – weg vom Kleinzelligen, hin zu größeren Flächen, die genügend Raum für Begegnung, Kreativität und Innovation bieten. Und darüber hinaus auch dem gestiegenen Hygienebedürfnis Rechnung tragen. Denn speziell in pandemischen Zeiten ist Hygiene eine Grundvoraussetzung für Gesundheit.

Zweifellos: Die Zukunft von Immobilien dreht sich künftig deutlich mehr um die Qualität von Räumen und nicht mehr allein um die Flächengröße. Das gilt über alle Assetklassen hinweg und stellt unsere Branche vor neue Herausforderungen. Wir müssen in vielfältiger Hinsicht umdenken. Auch im Blick auf die Strukturierung und Einteilung von Asset-Klassen. Office und Living müssen im Zusammenspiel neu gedacht werden und Retail und Logistik verschmelzen durch den Online-Handel zunehmend zu einer neuen Entität zusammenwachsender Arbeitswelten.

Die Zukunft von Retail, E-Commerce-Logistik

Auch die Arbeitswelt im Handel hat sich durch die Digitalisierung grundlegend geändert – und Covid-19 hat dem boomenden E-Commerce noch einen grundlegenden Schub verpasst. Dabei ist E-Commerce mehr als „Einkaufen im

Internet". Es ist die Chiffre für Lagerung, Transport, Verpackung, Müll, Stau – und oftmals für schlecht bezahlte Ausfahrerjobs.

Dabei hat E-Commerce direkten Einfluss auf die Retailflächen in den Innenstädten. Der Einzelhandel war in den vergangenen Jahren nur bedingt erfolgreich, eine neue Rolle für sich zu finden. Stichwörter: Erlebniswelt, Showroom und Unterhaltung. Nun setzt ihm die erhöhte Nachfrage nach Online-Shopping besonders zu. Viele Flächen sind überdimensioniert und häufig wurde es mit der Filialisierung übertrieben. Wer braucht drei identische Filialen in nur einer Fußgängerzone?

Aber der Einzelhandel reagiert: Zuerst natürlich durch die Aufgabe von unprofitablen Flächen. Und auch an den Standorten, die gehalten werden, versucht man, die Mietkosten zu reduzieren. So sehen wir als Trend, dass Lagerflächen umgewidmet werden. Aus ihnen werden, wo möglich, Büros oder Wohnungen. Der trotzdem bestehende Platzbedarf für die Ware wird ins Zwischenlager verlegt.

Für Immobilien-Investoren hat dies weitreichende Konsequenzen. Und es ist komplettes Neuland. Wurden früher Häuser monothematisch als Verkaufsflächen, Büros oder Wohnungen konzipiert und gebaut, muss heute bereits in der Planung und Entstehung eine höhere Flexibilität eingearbeitet werden: Flächen müssen schnell und kostengünstig umgewidmet werden können. Multi-Use ist nicht nur eine Risikoreduzierung für Eigentümer, sondern auch die Wiederbelebung der Innenstädte, die nach Ladenschluss ausgestorben sind.

Wenn wir über Future of Consumption sprechen, ist es verfrüht und verfehlt, einen Abgesang auf den Einzelhandel anzustimmen. Wir haben die Untergrenze gesehen, die Umsatzkurve wird 2021, das Ende der Pandemie vorausgesetzt, nach oben zeigen: Die Verbraucher werden nach der Lockdown-Erfahrung ein ganz enormes Bedürfnis nach Erlebnis und dem persönlichen Einkauf vor Ort entwickeln und so die Innenstädte wieder zum Blühen bringen.

Für Retailer ist es daher enorm wichtig, sich schon jetzt darauf vorzubereiten, indem sie für die Konsumenten ein besonderes Shopping-Erlebnis konzipieren. Auf der Metaebene zeigt sich erneut, wie wichtig die Bedeutung von bekannten und klar positionierten Marken ist. Denn wenn Konsumenten in die Städte zurückkehren, zu welchen Händlern kehren sie dann zurück? Nur wer hier gut aufgestellt und fest in den Köpfen der Konsumenten verankert ist, hat die Chance, am persönlichen Einkauf zu partizipieren.

Schauen wir noch auf eine weitere, ganz neue Entwicklung: Die im Frühjahr 2020 unterbrochenen Lieferketten haben klargemacht, wie abhängig wir uns in den letzten Jahrzehnten von „just in time"-Lieferungen aus aller Welt gemacht haben. Um dem entgegenzusteuern, sehen wir verstärkt die Rückkehr von Logistikzentren nach Europa und auch nach Deutschland. Waren und Güter werden also wieder mehr dort vorgehalten, wo sie auch konsumiert werden. Wir erleben einen hohen Bedarf bei der Beratung und Umsetzung von Logistikflächen.

Auch bei Logistik und Lieferketten eröffnet die Digitalisierung unendlich viele Möglichkeiten. Vor allem positive. Zum Beispiel die Optimierung und Reduzierung von Wegen und Transferzeiten. Es gibt Schätzungen, dass Digitalisierung unseren CO_2-Ausstoß um bis zu 50 Prozent reduzieren könnte, so eine Studie, die im Auftrag des IT-Branchenverbandes Bitkom erstellt wurde.

Diese weitgehend bereits Realität gewordenen Verschmelzungsszenarien verändern notwendig auch den Blick auf unser Dienstleistungsverständnis als Beratungsunternehmen in einer sich neu findenden und erfindenden Immobilienbranche.

Future Initiative Real Estate Society

Wie eingangs beschrieben: Wir leben in einer Ära der Veränderung, wie wir sie in dieser Dynamik noch nie zuvor erfahren haben – und zwar in allen Lebens- und Arbeitsbereichen. Wir als JLL möchten für unsere Branche diesen Prozess gestalten – nachhaltig, innovativ und digital. Für uns und für die nachfolgenden Generationen. Dazu haben wir die Initiative „Future Initiative Real Estate Society", kurz: FINRESO, ins Leben gerufen.

Diese komplexe Gemengelage hat uns dazu veranlasst, der Frage nach der Zukunft der Immobilienbranche intensiver nachzugehen. Mit dem einführenden Kompendium zu FINRESO haben wir den Anspruch, Vergangenheit und Gegenwart, vor allem aber die Zukunft der Immobilienwelt in ihrer Wechselwirkung mit Gesellschaft und Wirtschaft zu verstehen. Aus diesem Verständnis sollen relevante Themen identifiziert, analysiert und hinterfragt werden, damit auf der Basis tragfähiger Antworten sinnvolle Zukunftskonzepte abgeleitet und realisiert werden können. Der Frage der Nachhaltigkeit gilt ein Hauptaugenmerk der Initiative.

Der vorliegende erste Band der FINRESO-Buchreihe deckt das Spektrum grundlegender Themen programmatisch ab. Experten verschiedener Disziplinen und Institutionen aus Forschung und Wissenschaft, unternehmerischer Praxis und Verbandswesen, Beratung und Dienstleistung analysieren die großen Zukunftsthemen wie Umwelt- und Klimakrise, Digitalisierung und Urbanisierung. So wird sozialwissenschaftlich philosophisch ein Blick auf den Menschen in seinem Behaust-Sein geworfen (Kurt E. Becker) und auf den Wertewandel in unserer Gesellschaft in puncto Wohnen (Martin Greiffenhagen).[1] Die Frage nach dem Zweck von Stiftungen in der Immobilienwirtschaft wird thematisiert, Bezug nehmend u. a. auf Greiffenhagens Aufsatz, den Weg vom Wohn- zum Lebensraum als kulturelle Bildung im Quartier (Hans Michael Brey). Schließlich stehen soziale Nachhaltigkeit und Nutzerbedürfnisse im Fokus einer soziologischen Analyse, nicht zuletzt die Rolle der Architekten und deren Verantwortung thematisierend (Jonas K. Löser). Dass „digitale Technologien auf dem Vormarsch" sind, ist quasi schon ein Allgemeinplatz, der durch Fakten verifiziert wird – etwa durch die generelle Frage nach der Wirkung der Digitalisierung auf die Immobilienwirtschaft, deren gemeinsame Wurzeln (Martin C. Wolff), die damit verbundenen Automatisierungspotenziale sowie deren bewusste Begrenzung (Stefan Fahrländer) und die mit den PropTechs einhergehenden notwendigen Innovationen zur Aufrüstung der Branche für künftige Herausforderungen (Nikolas Samios). „Die Zukunft der Büroarbeit" greifen Raphael Gielgen aus einer gesamtheitlichen Perspektive des Arbeitens schlechthin und Yasmin Weiß unter dem Gesichtspunkt eines dynamischen Ökosystems der Kooperation und des Lernens auf. Abschließend thematisieren wir die Frage nach dem Klimaschutz im Gebäudebestand mit all ihren politischen und bürokratischen Implikationen (Christian Huttenloher) und werfen unter technologischen Aspekten einen Blick auf den intelligenten, nachhaltigen Campus und auf die Rolle der Technologie bei der Dekarbonisierung der Stadt (Michael Weinhold). Last but not least findet der Wertewandel Eingang in die in dieser Form erstmals vorgestellte neue Wertebilanzierung für Unternehmen, verbunden mit der Frage nach der zukünftigen Prosperität von Immobilienunternehmen (Rainer Monnet).

---

1 Martin Greiffenhagens Essay aus dem Jahr 1991 wurde zwar neu erfasst, blieb aber aus Gründen der Authentizität ansonsten unverändert.

Ich danke allen Experten, die unseren ersten Band mit wertvollen Zahlen, Daten, Fakten und ihren Zukunftsvisionen bereichert haben. Und ich wünsche allen Lesern eine anregende Lektüre!

Sabine Eckhardt, April 2021

Kurt E. Becker

Vier Mauern und ein Dach über dem Kopf.
Die Verantwortung als „Hausender"

Vier Mauern und ein Dach über dem Kopf: *Der behauste Mensch*[1] ist ein Sinnbild unserer Kultur und Zivilisation im Spannungsfeld von Idealem und Realem. In diesem Spannungsfeld ist der „behauste Mensch" verantwortlich für seine Behausung. Und das in einem umfassenden Sinn des Wortes: von der Hütte im Wald, deren Planung, Bau und Betreiben, bis zur Urbanisierung des Planeten. Immanuel Kants modifizierter kategorischer Imperativ liefert den Maßstab dieser Verantwortung: „Hause nur nach derjenigen Maxime, durch die du zugleich wollen kannst, dass sie ein allgemeines Gesetz werde."

Der Begriff „hausen" knüpft an seine ursprüngliche Bedeutung an und meint wohnen, wirtschaften, haushalten, mehr noch: das menschliche Sein auf Erden schlechthin im Sinne Martin Heideggers, nicht zuletzt im Begriff „Heimat" zum Ausdruck kommend. Die heute gängige umgangssprachliche Abwertung des Begriffs etwa als „sich wüst aufführen" bleibt formal außen vor, gewinnt aber substanziell dort dystopisch Gewicht, wo von den durch Menschen verursachten Gefährdungen die Rede ist.

Wie „haust" der Mensch als Individuum und wie „haust" er in seinen Gemeinschaften mit anderen? Welche Wirklichkeiten ergeben sich aus diesem Hausen für das Leben der Menschen? In welchem Verhältnis steht das Hausen zum Leben und vice versa? Gibt es gleich bleibende Regeln des Hausens über die Zeiten hinweg? Oder verändern sich die Regeln des Hausens von Zeit zu Zeit? Welchen Einflüssen ist das Hausen in diesen Zeitläuften ausgesetzt?

Diese immer wiederkehrenden Fragen bilden die Essenz des „Behaust-Seins" in einem übergreifenden Sinn. Denn das Behaust-Sein meint eben nicht nur die

---

1   Der Beitrag basiert partiell textgleich auf der Einleitung zu meinem Buch *Der behauste Mensch*, Patmos Verlag, Ostfildern 2021.

spezifische Architektur in ihrer jeweiligen Epoche oder das einzelne Bauobjekt mit seinem Wohn-, Geschäfts- oder Arbeitszweck, sondern es geht immer in erster Linie um den individuellen Menschen in seinem architektonischen, gestalterischen und baulichen Wirken und um alle damit verbundenen und daraus resultierenden Lebenswirklichkeiten der Gesellschaften und ihrer Mitglieder innerhalb dieser vier Mauern und unter ihren Bedachungen. Das Menschsein in einer Behausung umfasst die Zeitspanne zwischen Geburt und Tod, unseren Aufenthalt auf Erden quasi, aber auch dessen Vorher im Mythos und dessen Nachher im Vermächtnis. Nicht nur bei Aristoteles ist die Metaphysik Ergebnis der Physik und wird demzufolge auch erst im zehnten und damit letzten Band seiner Werke behandelt. Auch dem Behaust-Sein eignet eine Metaphysik mit einer spezifisch eigenen Entelechie, eine physische Entität in Gestalt eines umbauten Raums voraussetzend.

In diesem umbauten Raum als konkreter Bedingung des Behaust-Seins ereignet sich Philosophie als Ergebnis menschlicher und menschelnder Kommunikation, mündend in den berühmten Fragen Immanuel Kants, in Bezug auf das Thema dieses Beitrags entsprechend modifiziert:

- ◆ Was kann ich wissen über mein Behaust-Sein?
- ◆ Was soll ich tun als Behauster?
- ◆ Was darf ich hoffen in meinem Behaust-Sein?
- ◆ Was ist der Mensch als Behauster?

Was kann ich wissen über mein Behaust-Sein?

Überwiegend gilt: Im Behaust-Sein ist der Mensch sesshaft, was einschließt, dass er überall sesshaft werden kann, in seinem Behaust-Sein an keinen bestimmten Ort auf der Erde gebunden ist. Es steht ihm als freiem Menschen frei, zu wählen, in welcher Region der Erde, in welchem Land, in welcher Stadt, in welchem Dorf, in welchem Wald (Henry David Thoreau: *Walden oder Leben in den Wäldern*) er behaust sein möchte. Solange Migration nicht Ergebnis eines Zwangs ist, ist auch der Migrant lediglich einer, allgemein definiert, der sich freiwillig auf die Suche nach einem neuen Zuhause, einem neuen Lebensmittelpunkt, einer neuen Heimat begibt. Von diesem Migrationsverständnis zu unterscheiden ist das der Flucht durch deren Unfreiwilligkeit.

In der fortgeschrittenen Industriegesellschaft ist der Wechsel der Arbeit nicht selten auch mit einem Wechsel des Wohnortes verbunden. Von diesem mehr oder minder freiwillig Umziehenden, dessen Umzug bedingt ist durch den Wechsel der Arbeitsstelle gleich Wechsel des Wohnortes, zu unterscheiden ist der Flüchtling, der aus seiner Behausung aus welchen Gründen auch immer, Kriegen oder Naturkatastrophen etwa, gewaltsam Vertriebene, der sich an einem anderen Ort, meist sogar in einem anderen Land ein neues Zuhause suchen muss. Fraglos hat der Begriff „Flüchtling" viele Facetten und konnotiert mit Verlust von Heimat, von Sicherheit und von Identität. Der Flüchtling ist der Entwurzelte. Die große Mehrheit der Menschen indes ist in unserer so und nicht anders gewordenen Gegenwart in einer bestimmten Gegend verwurzelt, auf Dauer sesshaft, das Behaust-Sein erweist sich als Definiens menschlich zivilisierten Lebens. Und das über die Zeiten hinweg – von den ummauerten Städten als identitätsstiftenden Behausungsentitäten über Burgen und Festungen des Mittelalters bis hin zum afrikanischen Kral, um nur einige Beispiele zu nennen. Diese Definition schließt den Zustand des „Unbehaust-Seins", wie Hans Egon Holthusen ihn beschrieben hat, ein. Der „unbehaute Mensch" in Holthusens Sinne ist ein Sonderfall des Behaust-Seins und beschreibt im Konkreten das Lebensgefühl der Trümmergeneration nach dem Zweiten Weltkrieg, die mit ihren Behausungen auch ihre Heimat verloren hatte, in Ruinen leben und aus den Ruinen ein neues Behaust-Sein schaffen musste. Unbehaust lebt freilich auch der Obdachlose in einem Zustand des Mangels an einem Dach über dem Kopf, aber an einem ihm angestammten Platz, der auch verteidigt wird – entweder vorübergehend oder auf Dauer. Aber auch „mobile" soziale Gruppierungen, wie wir sie per se etwa bei den Nomadenvölkern oder in der US-amerikanischen Wohnwagen-Kultur finden, gehören in diese Kategorie des Unbehaust-Seins ohne spezifische Sesshaftigkeit, die identitäts- und heimatstiftende mobile Behausung quasi von Ort zu Ort bewegend.

Im Rückgriff auf literarische Texte von Goethe über Rilke bis Kafka analysiert Holthusen die Situation des modernen Menschen in seinem Geworfensein schlechthin, verbunden mit einer zwangsläufigen Loslösung auch von den alten geistigen Ordnungen. Der unbehauste Mensch steht insofern auch als Symbol für die Zerbrechlichkeit behausten Existierens. „Hausen", das verdeutlicht der als Flüchtling Unbehauste genauso wie der am Ende eines Krieges in den Trümmern seiner Stadt Unbehauste oder der Obdachlose als – in der Regel – Opfer der modernen Leistungs-, Überfluss- und Konsumgesellschaft, ist keine Selbstverständlichkeit. Behaust-Sein ist das Ergebnis eines nicht zuletzt umfassend schöpferischen Prozesses in und an den Wirklichkeiten unserer Welt und wird so als Wirkung wiederum selbst zum kulturellen, sozialen, politischen, ökonomischen und ökologischen Element des Wirklichen. Diese Wirkung kann auch beschrieben werden als umfängliche Arbeit des Menschen an eben dieser Welt und beinhaltet im Ergebnis das So-und-nicht-anders-Sein des Menschen in der Zeit wesentlich in unserer Hemisphäre. In diesem existenziellen Sinn schreibt Martin Heidegger: „Bauten behausen den Menschen." Und weiter: „Das alte Wort ‚bauen', zu dem das ‚bin' gehört, antwortet: ‚ich bin', ‚du bist' besagt: ich wohne, du wohnst. Die Art, wie du bist und ich bin, die Weise, nach der wir Menschen auf der Erde sind, ist das Buan, das Wohnen. Mensch sein heißt: … wohnen." Schließlich erwächst aus dem Hausen aber, Heidegger folgend, auch eine Verpflichtung des Bewahrens der Schöpfung vor Schaden und der Vermeidung von Bedrohungen: *„Der Grundzug des Wohnens ist … Schonen.* Er durchzieht das Wohnen in seiner ganzen Weite. Sie zeigt sich uns, sobald wir daran denken, dass im Wohnen das Menschsein beruht, und zwar im Sinne des Aufenthalts der Sterblichen auf der Erde." Und diese Erde gelte es zu bewahren nicht zuletzt vor Missbrauch durch den Menschen selbst und seine Technik.

Die Arbeit an der Welt, das Herrichten der Erde zur Basis menschlicher Behausungen, hat uns die Möglichkeit globalen Betroffen-Seins von Katastrophen vor Augen geführt und damit der Globalisierung eine bizarre Dimension des Schreckens verliehen. Aus jenen kollektiven Bedrohungen, die die Menschen selbst hervorgebracht haben, leitet Hans Jonas eine „Heuristik der Furcht" ab, die in der Tat neue Wertsetzungen und Orientierungen ermöglichen könnte. Es geht um eine Re-Humanisierung der Technik, deren verantwortungslose Verselbstständigung und Ent-Humanisierung sicherlich nicht in der Absicht ihrer Erfinder angelegt war. Das damit verbundene Paradoxon ist das bizarre Symbol unseres zivilisatorischen Geworden-Seins schlechthin. Dem Menschen als „Mängelwesen" (Johann Gottfried Herder und Arnold Gehlen), ohne Kleidung, vier Mauern und ein Dach über dem Kopf kaum überlebensfähig, ist es dank seines Genius als „Fähigkeitswesen" gelungen, sich zunächst seine Existenz gegenüber den Unbilden der Natur zu sichern, sich anschließend aber in eine existenzbedrohende Krise hineinzumanövrieren. Und letztlich als Initial dieses „Manövers" steht der *oikos* – im

Griechischen das Haus oder auch das Herdfeuer, seit Aristoteles der Ursprung aller Ökonomie, die nichts anderes war als „Hauswirtschaft", die Bewirtschaftung der einzelnen Behausung zum einen und die Bewirtschaftung der kollektiven Behausung, der *polis,* zum anderen.

Die Konsequenzen der daraus folgenden atemberaubenden Entwicklung sind bekannt. Mündend in unserer Moderne in einen steten Diskurs zwischen Ökologen und Ökonomen. Denn die ökonomische Eindimensionierung der zivilisierten Welt mit ihren Ausbeutungsmechanismen der Erde und der Spezies vor allem in der Dritten Welt hat das Ökosystem über alle Grenzen hinaus belastet, mit vielen irreversiblen Schäden, zum Ausdruck gebracht in einem den Menschen als „Anthropozän" zugeschriebenen und zugleich angelasteten Erdzeitalter, gleichbedeutend mit einer damit dokumentierten Bilanz des Schreckens. Hans Jonas spricht in diesem Zusammenhang von einer kritischen *Verletzlichkeit der Natur durch die technische Intervention des Menschen* – „eine Verletzlichkeit, die nicht vermutet war, bevor sie sich in schon angerichtetem Schaden zu erkennen gab". Dementsprechend schreibt er im Vorwort seines Buchs *Das Prinzip Verantwortung:* „Der endgültig entfesselte Prometheus, dem die Wissenschaft nie gekannte Kräfte und die Wirtschaft den rastlosen Antrieb gibt, ruft nach einer Ethik, die durch freiwillige Zügel seine Macht davor zurückhält, dem Menschen zum Unheil zu werden."

Diesem „Prinzip Verantwortung" wollen wir uns nun zuwenden.

Was soll ich tun als Behauster?

In seinem Behaust-Sein übernimmt der Mensch als Individuum, aber auch die Menschheit als Spezies umfassend Verantwortung für alle mit dem Hausen selbst und seinen Folgen verbundenen Wirklichkeiten. Das gilt für den Einzelfall einer konkret erfolgten oder anstehenden Entscheidung genauso wie für alle im Alltag zur Routine gewordenen Entscheidungsprozesse, die quasi selbstverständlich und ohne klare Zuordnung von Verantwortung bürokratisch erfolgen.

Schauen wir zunächst generell auf das allen Entscheidungsprozessen zugrundeliegende Verantwortungsprinzip. „Verantworten" meint ja letztlich nichts anderes, als eine Frage zu beantworten und für die Richtigkeit der Antwort so lange persönlich einzustehen, bis die Antwort sich – aus welchen Gründen auch immer – als unrichtig erwiesen hat und revidiert werden muss oder aber die Frage selbst durch sich verändernde Wirklichkeiten irrelevant geworden ist und durch neue Fragestellungen ersetzt oder abgelöst werden muss. „Verantworten" meint im Prinzip also nichts anderes als „antworten". Denn mit jeder Antwort treffe ich eine Entscheidung für eine bestimmte Antwort und gegen eine andere. Nicht von ungefähr hatte Max Weber dem Antwortenden eine auf die Zukunft gerichtete, an künftigen Generationen orientierte Ethik, eine „Verantwortungsethik", zugeschrieben.

Was bedeutet dieses an eine Ethik gekoppelte „Prinzip Verantwortung" für den Behausten beziehungsweise das Behaust-Sein? Was konkret also soll ich als Behauster tun?

Hans Jonas gibt mit seinem epochalen Verantwortungs-Prinzip in diesen Fragen den Takt vor. Sein 1979 erstmals publiziertes Werk kann bei der Beantwortung dieser Fragen Allgemeingültigkeit über die Zeiten hinweg für sich beanspruchen. Seine Variationen des kategorischen Imperativs Kant'scher Provenienz lauten in diesem Zusammenhang wie folgt:

- „Handle so, dass die Wirkungen deiner Handlung verträglich sind mit der Permanenz echten menschlichen Lebens auf Erden."
- „Handle so, dass die Wirkungen deiner Handlungen nicht zerstörerisch sind für die künftige Möglichkeit solchen Lebens."
- „Gefährde nicht die Bedingungen für den indefiniten Fortbestand der Menschheit auf Erden."
- „Schließe in deine gegenwärtige Wahl die zukünftige Integrität des Menschen als Mit-Gegenstand deines Wollens ein."

Diese Maximen decken die Gegenwarts- genauso wie die Zukunftsdimensionen unserer heutigen Verantwortung als Hausende ab. Auch lange vor Jonas waren natürlich Fragen der Existenzgefährdung und deren Vermeidung oder Relativierung Thema von Philosophen und Dichtern. Zu Recht berühmt Friedrich Hölderlins Zeilen aus seiner Hymne „Patmos":

„Wo aber Gefahr ist, wächst
Das Rettende auch."

Speziell die Themenkomplexe Umwelt, Klimawandel, Atommüll, Müll-Belastung, aber auch demografische Entwicklung sind Gegenwartsrisiken und bei Jonas als Zeit- und Leidensgenossen genauso inkludiert wie die daraus folgenden Konsequenzen notwendig nachhaltig ökologischen Wirtschaftens respektive Hausens. Deswegen schauen wir gemeinsam mit dem Verantwortungs-Philosophen Jonas auf das ganz große, auf das gesamtheitliche Bild des Hausens, die

Urbanisierung unseres Planeten. Und damit sind wir bei einer das menschliche Kollektiv betreffenden Fragestellung. Denn der Einzelne und die Veränderung seines Verhaltens sind zwar wichtig, aber von entscheidender Bedeutung ist die Frage nach einer neuen, kollektiven Ethik des Hausens in dieser so und nicht anders gewordenen Wirklichkeit unserer Welt im ersten Jahrhundert des dritten Jahrtausends christlicher Zeitrechnung. Was zweitausend Jahre gut ging mit allerdings beständig zunehmenden Risiken vor allem im zwanzigsten und den ersten Dekaden des einundzwanzigsten Jahrhunderts, kann nicht hoffnungsfroh in alle Zukunft linear fortgeschrieben werden. Denn die Risiken des globalen Hausens mit all seinen Implikationen, wie wir sie seit Jahren kennen und diskutieren – handle es sich um die CO_2-Emissionen der privaten Haushalte oder die der Wegwerfgesellschaft geschuldeten Plastikabfälle, die den direkten Weg von der Stadt in die Ozeane finden –, werden nicht kleiner, sondern größer. Nicht von ungefähr machte vor einigen Jahren das Wort von der „Risikogesellschaft" (Ulrich Beck) die Runde. Die Stadt der Menschen, einstmals eine Enklave in der nichtmenschlichen Welt, breite sich über das Ganze der irdischen Natur aus und usurpiere ihren Platz, schreibt Hans Jonas. Im Zusammenhang mit dieser Usurpation dürfen nicht unerwähnt bleiben, mehr noch: müssen in besonderer Art gebrandmarkt werden die menschenverachtenden Verwerfungen des Hausens etwa in den brasilianischen Favelas, den südafrikanischen Townships oder den elendiglichen Flüchtlingslagern überall auf dieser Welt, sogar innerhalb der Verantwortung unseres europäisch „zivilisierten" Behaust-Seins, einen Skandal in Permanenz markierend. Fraglos: Unser Verständnis des Hausens steht auf dem Prüfstand der Vernunft und der Menschlichkeit.

Aber auch von anderer Seite wird unsere Art des Hausens geprüft. Denn die Natur wehrt sich. Das Wetter schlägt Kapriolen, die Erderwärmung schreitet unaufhaltsam voran und die Sturmfluten werden häufiger und heftiger. Aber auch die große Zahl neu aufgetauchter krank machender Erreger, von HIV über Ebola bis zu den Coronaviren, dürfte mit großer Wahrscheinlichkeit darauf zurückzuführen sein, dass die natürlichen Lebensräume der Tierwelt immer rascher zerstört werden. Tiere weichen in die Nähe menschlicher Siedlungen aus und übertragen Erreger auf den Menschen. Wie notiert Jonas bereits Ende der Siebzigerjahre des letzten Jahrhunderts mit prophetischer Weitsicht? Das Natürliche sei von der Sphäre des Künstlichen verschlungen worden, und gleichzeitig erzeuge das totale Artefakt „die zur Welt gewordenen Werke des Menschen, die auf ihn und durch ihn selbst wirken, eine neue Art von ‚Natur', das heißt eine eigene dynamische Notwendigkeit, mit der die menschliche Freiheit in einem gänzlich neuen Sinn konfrontiert ist".

Bevor wir uns mit den daraus resultierenden Konsequenzen für das große Bild des Menschen als Behaustem befassen, wollen wir zunächst fragen: Was darf ich hoffen in meinem Behaust-Sein?

Was darf ich hoffen in meinem Behaust-Sein?

„Moral führt unumgänglich zur Religion, wodurch sie sich zur Idee eines machthabenden moralischen Gesetzgebers außer dem Menschen erweitert, in dessen Willen dasjenige Endzweck (der Weltschöpfung) ist, was zugleich der Endzweck des Menschen sein kann und soll", schreibt Immanuel Kant in seiner Abhandlung *Die Religion innerhalb der Grenzen der bloßen Vernunft*. Unsere Hoffnung auf ein moralisches Leben also geknüpft an die Existenz Gottes? Was freilich dürfen wir als Behauste noch hoffen, wenn Gott tot ist, wie wir seit Friedrich Nietzsche mutmaßen? In seiner berühmten Freiburger Antrittsvorlesung hatte Max Weber mit einem kurzen Zitat auf Dantes *Göttliche Komödie* verwiesen: *lasciate ogni speranza* – „Lasst alle Hoffnung (fahren)". Bei Dante stand der Spruch über dem Tor zur Hölle, bei Weber einige Jahrhunderte später eingangs des 20. Jahrhunderts „über der Pforte der unbekannten Zukunft der Menschheitsgeschichte", über dem Tor zum Leben folglich. Ein hoffnungsloses Leben? Warum? Was hatte sich ereignet, dass Max Weber, einer der letzten Universalgelehrten der Geistesgeschichte, meinte, derart pessimistisch auf das Leben schauen zu müssen? Hölle? Ja! Aber nicht im Jenseits, sondern im Diesseits, hier auf Erden. Innerhalb unserer vier Mauern und trotz Dach über dem Kopf. „Die Hölle, das sind die anderen", lässt Jean-Paul Sartre in *Geschlossene Gesellschaft* Garcin, einen Journalisten, in diesem Drama um die menschliche Existenz sagen, damit die Situation des psychisch-metaphysischen Unbehaust-Seins exemplifizierend.

Weber, genauso wie Karl Marx, Werner Sombart oder Georg Simmel, meinte, die Ursache allen Übels in der Stadt entdeckt zu haben – als Sitz der Geldwirtschaft. In der Tradition eines Hans Sachs schrieb Simmel in seiner *Philosophie des Geldes*, das Geld sei der neue Gott, die Bankentürme in den Städten überragten deswegen auch die Kirchtürme. Die ganz großen Entwicklungslinien zeichnet

Max Weber in seiner zu Recht berühmten Abhandlung *Die protestantische Ethik und der Geist des Kapitalismus*.

Als „Berufsmensch ohne Herz und Genussmensch ohne Geist" charakterisierte Max Weber den modernen Menschen im Zeitalter des entfesselten Kapitalismus, von ihm häufig auch als „Raubtier-Kapitalismus" bezeichnet. Verbunden war diese Art Kapitalismus Weber zufolge mit einem universalen Prozess der Rationalisierung, im Verbund ein „stahlhartes Gehäuse der Hörigkeit" schaffend, in dem der Einzelne genauso wie das Kollektiv in die Zwangsjacke ökonomischer Zweckrationalität gesteckt wurde. Unter Rationalisierung verstand er den zivilisatorischen Modernisierungsprozess schlechthin in seinen vielfältigen Gestalten von Bürokratisierung, Spezialisierung, Säkularisierung und kapitalistischer Produktionsweise – begleitet von einer durch die Wissenschaft forcierten „Entzauberung der Welt". Die Wissenschaft beraubte und beraubt die Welt ihres Zaubers und damit auch ihrer Götter. Das zauberhaft-irrational Göttliche wird ins Abseits gedrängt, fristet ein eher kümmerliches Dasein gegenüber der dominanten sachlich-nüchternen, anonymen Ratio, die, wie in alten Zeiten die Religion, alle Wirklichkeiten unserer Zivilisation durchdringt, Einfluss nehmend auch auf alle Strukturen und Funktionen im Sozialen. Weber folgend transformierten „die kalten Skeletthände der rationalen Ordnung" die westlichen Gesellschaftsordnungen bis auf ihre Fundamente. Die vereinigten Kräfte aus Kapitalismus, Wissenschaft, Bürokratie und Rationalisierung werden zur schicksalhaften Macht, vor der es kein Entrinnen gibt. Und genuiner Ursitz dieser Macht ist die Stadt, in ihrer „ganzen Organisation darauf eingerichtet, Eigenwilligkeit und Selbständigkeit abzutöten", wie uns Lewis Mumford wissen lässt. Mumford weiter: „Auszuwählen, zu unterscheiden, Klugheit, Mäßigung oder Vorsicht zu üben, Selbstbeherrschung bis zur Enthaltsamkeit zu treiben, andere Maßstäbe als diejenigen des Marktes zu besitzen, sich andere Grenzen als diejenigen des alsbaldigen Verbrauchs zu setzen – das alles ist böse Ketzerei, die den ganzen Mythos von Megalopolis in Frage stellen und ihre Wirtschaft zum Erliegen bringen würde."

Die Wirtschaft in der Stadt – ausgerichtet auf Konsum in Permanenz, unbeschränktes Wachstum und einen totalen Markt, vom Einzelnen bedingungslos Konformität einfordernd. Wo kann in einem solchen Szenario, in dem das Individuum zum Appendix quasi ausschließlich kommerziell ökonomischer Mechanismen und Interessen wird, Hoffnung keimen?

26

Lewis Mumford, der nonkonformistische Autor des epochalen zweibändigen Werkes *Die Stadt*, antwortet wie folgt: „Eine brauchbare Lösung dieses Problems, um das sich die ganze Zukunft unserer städtischen Kultur dreht, hängt davon ab, dass wir das Bild einer organischeren Welt entwickelten, welches allen Dimensionen der lebendigen Organismen und der menschlichen Persönlichkeit gerecht wird." Mumford weiter: „Daher ist für die Weiterentwicklung der Stadt in unserer Zeit eine der wichtigsten Voraussetzungen, dass wir die wesentlichen Verrichtungen und Werte zurückgewinnen, die erstmals in den antiken Städten, vornehmlich in Griechenland, verkörpert waren. Daher müssen wir uns jetzt die Stadt nicht in erster Linie als einen Ort vorstellen, wo man Geschäfte macht oder regiert, sondern als wichtiges Organ, das der neuen menschlichen Persönlichkeit Ausdruck verleiht und Geltung verschafft. Der Persönlichkeit des ‚Menschen in der einen Welt'."

Es sind die immer wiederkehrenden, immer brachialer werdenden Krisen, welcher Provenienz auch immer sie sein mögen, die mit den Fragen nach ihrer Lösung auch immer wieder die „vereinte" Welt thematisieren, eine universale Hoffnung verbindend mit den Geboten einer menschheitlichen Ethik verbindlichen Hausens. Wissen, Ethik und Hoffnung im Verein malen kein neues Bild vom Menschen in seinem Behaust-Sein, eher ein seit Jahrtausenden bekanntes.

Was ist der Mensch als Behauster?

Die Vielfalt der Perspektiven beim Blick auf menschliches Behaust-Sein in der Geistesgeschichte ist bemerkenswert. Fast alle Themen, die uns Heutige interessieren, haben zu ihrer Zeit auch unsere Vorfahren beschäftigt. Die Ästhetik der Architektur findet dabei genauso ihren Platz wie deren Gewichtung nach Form und Funktion oder deren soziale Aspekte, genauso wie ihre Wirkung in der Stadt und bei der Stadtplanung oder in der Natur als eine von der Architektur einzelner Objekte oder eine von der Architektur eines Dorfes beherrschten Landschaft. Ökonomische Aspekte sind per se mit dem Behaust-Sein verbunden, denn am Anfang aller systemischen Wirtschaft, wie wir sie kennen, steht der *oikos*, Haus und Herdfeuer also, neben der Kleidung Überlebensgarant des Mängelwesens Mensch. Ohne die berühmten vier Mauern, dem Dach über dem Kopf und dem Herdfeuer wäre zumindest der heutige Mensch in unseren Breiten nicht überlebensfähig. Aber das Herdfeuer, genauso wie das Lagerfeuer unserer Vorfahren, war und ist auch unabdingbar Initial der CO_2-Emissionen und damit einer der Verursacher des Klimawandels.

Auch die Frage nach dem Sozialen, dem Für und Wider von Eigentum, verbunden mit religiöser oder politischer Einflussnahme, hat die Menschen in ihrem Hausen von Epoche zu Epoche begleitet und immer wieder zu neuen Antworten inspiriert und herausgefordert. Die Psychologen haben sich auf die Spurensuche nach dem seelischen Nervus Rerum des Behaust-Seins begeben wie die Philosophen nach dessen Warum und dessen Sinnhaftigkeit. Jüngeren Datums sind die in diesem Beitrag skizzierten Fragen nach Ökologie und Nachhaltigkeit, beherrschend in der Vergangenheit dagegen eher die Frage nach der Versorgung, auch der energetischen, und der Sicherung menschlichen Existierens schlechthin. Überhaupt sind mit der Frage der Existenz Vertreter aller wissenschaftlichen Disziplinen befasst, mündend naturgemäß auch und speziell in den Themenkomplex der Ethik und das Miteinanderumgehen in familialen, dörflichen und städtischen Konstellationen des Sozialen. Generell erweist sich die Frage nach der Ethik im Hausen als Essenz unserer Gegenwart und mehr noch unserer Zukunft: Welche Lehren für unser Selbstverständnis in dieser Zeit, für den Umgang miteinander, vor allem auch für den Umgang mit der Natur und deren Ressourcen, aber auch deren Grenzen und vor allem auch Gefahren müssen wir ziehen, um die Risiken zu minimieren aber auch und zugleich in Würde überlebensfähig zu bleiben? Die Corona-Pandemie hat uns Segen und Fluch unserer Art des Hausens vor Augen geführt und uns einmal mehr mit der unabweisbaren Tatsache konfrontiert, dass wir, unserer Ratio-Gläubigkeit zum Trotz, Entscheidungen ins Ungewisse hinein treffen und dafür Verantwortung übernehmen müssen. Durch Corona ist das zivilisatorische Grunddilemma den Antwortenden und Verantwortenden auf die wesentlichen Fragen unserer Existenz deutlicher vor Augen als jemals zuvor: Unsere gesamte Lebensweise überall auf diesem Planeten, speziell aber unser Behaust-Sein steht auf dem Prüfstand. Corona als Naturphänomen stellt unsere ganze Zivilisation auf den Prüfstand. Corona hat aber auch gezeigt, dass ein transnationales Gemeinsames, mit Ausnahme des gemeinsamen Betroffenseins von der Pandemie, noch nicht vorhanden ist. Die erhoffte, gewünschte, beschworene oder auch nur herbeigeredete „Eine Welt" ist letztlich nur die eine von der Pandemie betroffene Welt, transnationaler Gemeinsinn, auch ein konzertiertes Handeln über Ländergrenzen hinweg ist hingegen eine Utopie.

Utopie, ja, gewiss. Nicht mehr, aber auch nicht weniger. Von Hoffnungslosigkeit, wie Max Weber sie noch gesehen hatte, kann deswegen freilich keine Rede sein. Denn jede große Hoffnung basiert letztlich auf einer Utopie von einer besseren Welt und nicht zuletzt einem besseren Behaust-Sein auf unserem blauen Planeten. Und zwar für alle Menschen. Denn letztlich liegt es an der Spezies selbst, ob die Erzählung von der Menschheit als Dystopie oder als Utopie ihren Platz in der Erd- und Weltgeschichte finden wird, unter stillschweigendem Einbezug der Tatsache, dass es eine Fortschreibung der Erd- und Weltgeschichte nur unter utopisch visionären Gesichtspunkten geben kann. Denn eine dystopische Realität wäre, menschheitlich betrachtet, das Ende von allem, auch das Ende aller Erzählungen. Aber „der Mensch hofft, solange er lebt", wie wir von Theokrit vor mehr als zwei Jahrtausenden gelernt haben. Und in den Text vom Zweck seiner Existenz, der allen Menschen eingeschrieben ist, ist auch die Hoffnung mit eingeschrieben. In der Bedrohung mehr denn je.

Was für den Menschen generell gilt, gilt auch für den Menschen als Behaustem: Er trägt seinen Zweck und damit auch seine Hoffnung in sich. Die Entelechie, der Endzweck des Behaust-Seins hat sich seit Aristoteles über die Zeiten hinweg nicht verändert. Als Behauster ist der Mensch ein im Haus mit seinesgleichen Schutz Suchender und Findender. Dabei gewinnt der Leitgedanke „My home is my castle" speziell vor dem Hintergrund der Corona-Pandemie eine vieldimensionale Bedeutung. Eine dieser Dimensionen ergibt sich aus der unaufhaltsam fortschreitenden Digitalisierung unserer Welt im 21. Jahrhundert mit all ihren Chancen und Risiken. Die auch digital hochgerüstete Behausung mit ihren technischen Vehikeln sichert vielen Menschen einerseits den Arbeitsplatz durch vernetzte, örtlich und zeitlich grenzenlose Heimarbeit unter gleichzeitiger Aufrechterhaltung einer zumindest rudimentären virtuellen Teilhabe am sozialen Leben und der virtuellen Kommunikation mit anderen, birgt andererseits aber auch die Gefahr, sich dem „Allzeit-Jetzt", dem „Vierundzwanzig-Stunden-rund-um-die-Uhr-Diktat" der digitalen Welt auszuliefern, um wenigstens zwei von zahlreichen real sich ergebenden und im konkreten Beispiel sich bedingenden Phänomenen zu erwähnen. Hinzuweisen ist last but not least aber auch auf die Relevanz wissenschaftlicher Forschung und ein damit verbundenes Fortschreiten, Max Weber zum Trotz, der Entzauberung der Welt. Denn nur wissenschaftliche Erkenntnis im Verbund mit „guter" Technologie, wie wir in Anlehnung an Tomas Sedlačeks epochales Werk *Die Ökonomie von Gut und Böse* formulieren wollen, liefert uns die Vision eines menschengemäßen zukünftigen Hausens. Wie auch immer: Die essenzielle Schutzfunktion der Behausung muss unter den Bedingungen einer zunehmenden quasi apokalyptischen Gefährdung unserer Welt auch weiterhin höchste Relevanz beanspruchen. Denn der Mensch braucht seine Behausung – zum Leben und Arbeiten.

Martin Greiffenhagen

Wohnen im Wertewandel

Wie immer kontrovers die Wertewandeldiskussion im Einzelnen verläuft,[1] einig ist man sich darüber, dass sich die wesentlichen Industriestaaten in einer Zeit „kulturellen Umbruchs"[2] befinden.

Die Gründe dafür sind unterschiedlich und öffnen sämtlich die Frage nach Henne und Ei. Was gilt als Ursache: Die Veränderungen industrieller Fertigung oder das Schwinden religiöser Bindung, das Entstehen einer breiten Mittelschicht mit Dienstleistungsberufen oder die Ausbreitung eines Individualismus, der seine Wurzeln in der Renaissance hat?

Die Frage ist falsch gestellt. Technische und wirtschaftliche Faktoren sind mit Kulturbewegungen so eng verbunden, dass sich keine eindeutige Ätiologie entwickeln lässt. Deshalb ist auch keine sichere Prognose über die Nachhaltigkeit von Tendenzen möglich, die im Folgenden angesprochen werden. Einige mögen von kurzer Dauer sein und als Lebensstile mit kulturellen Moden und ökonomischen Trends rasch wieder verschwinden, andere gehören dem tiefgegründeten Strom einer Modernität an, die unsere Gesellschaften seit Jahrhunderten in Bewegung hält und heute für die Vorsilbe „post" sorgt: Posthistorie und Postmoderne; postkonventionell, posttraditionalistisch, postindustriell.

Bauen und Wohnen werden von solchen Zeitläuften und Umbrüchen stets mit betroffen, gehören doch Hausbau und Wohnung zum Menschen wie Institutionen und Moralsysteme. Aber wie diese den kulturellen Wandlungen unterschiedlich rasch folgen, so beobachten wir auch im Blick auf Haus und Wohnung eine unterschiedliche Sensibilität in der Reaktion auf gesellschaftliche Wandlungsprozesse. Das muss nicht schlecht sein, und das Wohnen könnte durchaus wie das Rechtssystem eine sinnvolle konservative Pufferfunktion gegenüber allzu hektischen Kulturbewegungen haben. Andererseits gilt hier, was auch für die Gesetze

---

1 Luthe, H.O./Meulemann, H. (Hrsg.): Wertewandel – Faktum oder Fiktion? Bestandsaufnahmen und Diagnosen aus kultursoziologischer Sicht. Frankfurt am Main, New York 1988.
2 Inglehart, R.: Kultureller Umbruch. Wertwandel in der westlichen Welt. Frankfurt am Main, New York 1989.

zutrifft: Eine allzu große Kluft zu gesellschaftlichen Normen und Verhaltensweisen bringt unnötige Spannungen und unter Umständen viel menschliches Leid mit sich.

Die folgenden Überlegungen betreffen gesellschaftliche Tendenzen, die für Bauen und Wohnen von Bedeutung sind. Dabei ist vor einem Missverständnis gleich zu Beginn zu warnen: Diese Bemerkungen lassen sich keinesfalls unmittelbar in eine Bau- und Wohnstrategie umsetzen. In unseren Häusern und Wohnungen leben wir als Personen, nicht „im statistischen Mittel" oder als Repräsentanten einer Alters- oder Berufsgruppe. Alphons Silbermann hat immer wieder darauf hingewiesen, dass es für den Architekten auf die Erkundung des persönlichen Wohnerlebnisses ankomme, wenn man nicht an der Humanität vorbei bauen wolle.[3] Dieser Gesichtspunkt kann nicht nachdrücklich genug betont werden.

Die Einsicht, man baue weder für den Zeitgeist noch für Schichtangehörige, bedeutet aber nicht, dass alle, die mit Bauen zu tun haben, die Bedingungen und Trends nicht kennen sollten, die unsere Gesellschaft bestimmen, im Gegenteil: Die Architekten sind es, die als „Generalintendanten"[4] dafür verantwortlich sind, dass jeder, der baut, weiß, was er tut, in Kenntnis der Umstände und Signale seiner Zeit. Nur so kann er halten, was er verspricht: den persönlichen Bedürfnissen zu dienen. Für meine Überlegungen zum Wertewandel und seine Bedeutung für Bauen und Wohnen habe ich folgende Gesichtspunkte gewählt: Wahlfreiheit, Gegenwartsorientierung, Wertegemeinschaft, Wohnen als Glücksquelle.

Wahlfreiheit

Mit diesem Stichwort ist vermutlich die wichtigste Bedingung des Wertewandels angesprochen. Auf fast allen Lebensgebieten ist uns Wahlfreiheit zugewachsen bzw. aufgebürdet. Was für Ehe, Familie, Beruf gilt, trifft auch auf Haus und Wohnung zu. Wohnsitz und Heim sind in weitem Maße Gegenstand unserer Wahl, und es ist nicht sicher, ob wir uns ihnen ein ganzes Leben verbinden. Dabei teilt das Haus häufig die Ambivalenz, welche die Veränderung für die großen Institutionen mit sich bringt. Wer eine Ehe schließt, eine Familie gründet oder

---

3 Silbermann, A.: Vom Wohnen der Deutschen. Köln und Opladen 1963, S. 15 ff. Siehe auch meine Laudatio auf Alphons Silbermann in K.E. Becker et al. (Hrsg.): Alphons Silbermanns Soziologie des Wohnens. Bonn 1991.

4 Silbermann, A., a.a.O., S. 123.

einen Beruf ergreift, tut dies immer noch überwiegend in dem Gefühl einer gewissen Nachhaltigkeit, wenn nicht Endgültigkeit. Jedenfalls weiß er, dass die Chancen für die Stabilität solcher institutionellen Bindungen umso schlechter stehen, je weniger man sie für selbstverständlich auf Dauer angelegt betrachtet.

Heute scheinen wir im Blick auf solche lebenssichernden und identitätsstiftenden Institutionen allerdings in eine neue Phase eingetreten zu sein. Das gilt z. B. für Ehe und Familie. Wennschon die Ehe auf der Skala der Glücksbedingungen immer noch an erster Stelle rangiert,[5] hat das Prinzip der Wahlfreiheit über die Phase der elterlichen Bestimmung des Ehepartners oder mindestens eines Vetorechtes, die romantische Liebe mit der Behauptung der Einzigartigkeit des Liebespartners jetzt zu einer neuerlichen Subjektivierung geführt, welche als Grund einer Liebesbeziehung nur noch die Stärke des eigenen Gefühls gelten lässt.[6] Nimmt man gesellschaftliche Veränderungen, vor allem berufliche Mobilitäten und Flexibilitäten, hinzu, so hat der Architekt allen Grund, seine Bauherren und -herrinnen mit offeneren Wohnformen bekannt zu machen, die solche Wahlfreiheit entweder gleich oder später ermöglichen.

Dies gilt gerade dann, wenn der Architekt sehr deutlichen Bau- und Wohnvorstellungen begegnet. Als „Generalintendant" darf er sich nicht durch die Entschiedenheit der ihm begegnenden Wünsche davon abbringen lassen, das Bauvorhaben in den Horizont von Perspektiven zu stellen, die weder aktuell noch gewünscht, aber denkbar sind. Diese Paradoxie will heutzutage in unternehmerischen Gesellschaftsformen und Eheverträgen ebenso bedacht sein wie in Berufsplänen und Wohnsitzüberlegungen: Man muss für möglich halten, was man nicht wünscht, und dies aus zwei Gründen: Einmal darf man nicht wie früher von der Stabilität eigener Identitätsfaktoren ausgehen: Wertewandel bedeutet auch die Veränderung von Wertprioritäten innerhalb einer Biografie. Zum anderen sind wir stärker als früher den Ergebnissen der Wahlfreiheit anderer ausgesetzt. Man muss heute „mit allem rechnen". Was Bauen und Wohnen angeht, so haben die Briten da weniger umzulernen als wir. Sie richteten sich in ihren Häusern immer schon eher auf Zeit ein, und Umzug hieß Hauskauf. Bei uns wird es noch eine

5   Glatzer, W./Zapf, W. (1984): Lebensqualität in der Bundesrepublik. Frankfurt am Main, New York, S. 124 ff.
6   Nunner-Winkler, G.: Entwicklungslogik und Wertewandel: ein Erklärungsansatz und seine Grenzen. In: Luthe/Meulemann (Hrsg.): Wertewandel … (s. Anm. 1), S. 238.

Weile dauern, bis das Haus seinen Charakter als eine Bestimmungsgröße verliert, die andere Überlegungen über Gebühr beeinflusst. Die Briten sind deshalb besser vorbereitet auf eine Wahlfreiheit, die das Wohnen als einen variablen Faktor in die Lebensrechnung einstellt. Wenn die Kinder ins Gymnasium müssen, wenn die Frau einen Beruf ergreift, wenn ein anderes Quartier mehr Lebensqualität verspricht, kauft man eine neue Wohnung.

Das Haus wird künftig weniger „Geborgenheit" liefern, als es die deutsche Wohnideologie versprach. Vor allem wird das Haus die gemeinschaftsstützende Funktion nicht mehr ausüben können, die man ihm traditionellerweise zusprach. So wenig wie die Entscheidung, Kinder zu haben, eine Ehe retten kann, so wenig dient das Haus als solches einer Verbundenheit, die früher als Gemeinschaft des „ganzen Hauses" gegeben war (natürlich nicht durch das Gebäude, sondern durch familiale, ergologische, ökonomische und soziale Strukturen).

Der wachsenden Mobilität in räumlicher, beruflicher, biografischer und ethischer Hinsicht entspricht eine Wahlfreiheit, der Bauen und Wohnen Rechnung tragen müssen: im Blick auf die gegenwärtigen Bewohner, im Blick aber auch auf zukünftige Nutzungschancen im Falle des Auszugs.

Gegenwartsorientierung

Eine wesentliche Bestimmungsgröße des kulturellen Umbruchs liegt in der Verkürzung unserer Zukunftsperspektiven. Das gilt für alle Bereiche, in denen erwartet, gefürchtet und gehofft, geplant und entworfen wird. Diese Verkürzung der Zeitdimension war immer schon ein Kennzeichen der Moderne. Statische Gesellschaften leben gleichsam zeitlos, weil die Zukunft prinzipiell nichts Neues bringt. Dynamische Gesellschaften nehmen in ihr gegenwärtiges Bewusstsein unterschiedlich lange Zukunftsperspektiven mit hinein. So galt die Frist von 15 Jahren für Volkswirtschaftler immer schon als die äußerste Spanne einer realistischen Prognose und Planungsdimension.

Heute hat sich diese Lage nicht nur objektiv verschärft (durch die Internationalisierung aller Lebensgebiete), sondern die Verkürzung zukünftiger Perspektiven bestimmt inzwischen das subjektive Zeitgefühl von uns allen, dazu meist im Wege einer Verdüsterung. Der Fortschrittsoptimismus der Moderne ist einer eher pessimistischen Einschätzung der Zukunft gewichen, für die das Wort „Postmoderne" steht. Mit diesem Pessimismus geht ein Hedonismus einher, der die

34

Freuden des Lebens heute zu genießen empfiehlt, statt „aufgeschobenen Konsums", auf dessen Genuss man sich ehemals Jahre und Jahrzehnte freute.

Dieser zukunftspessimistische und gegenwartsorientierte Hedonismus führt zu dem, was man eine Aufwertung der Mittel gegenüber den Zwecken genannt hat. Im Unterschied zu Zwecken, die nur mit entbehrungsreichen und langfristigen Strategien zu erreichen sind, gewinnt die Wegstrecke selbst an Wert: „Je kürzer der Zeithorizont, je unstabiler und unsicherer und damit auch unplanbarer der eigene Lebenslauf und die gesellschaftliche Zukunft werden, desto wichtiger wird es, die eigenen Handlungen nach Maßgabe ihres Selbstwertcharakters zu beurteilen."[7]

Für Bauen und Wohnen bedeutet diese Verkürzung des Zeithorizontes und die mit ihr verbundene Aufwertung der Mittel zweierlei: Einmal eine schon länger zu beobachtende Entwicklung zum Wohnen als Selbstwert; zum anderen eine weitere Individualisierung der Hausnutzung durch seine Bewohner.

Der erste Gesichtspunkt: Wohnen als Selbstwert steht in scheinbarem Widerspruch zu dem oben entwickelten Gesichtspunkt: Wohnen als Mittel für andere Ziele. Diese Paradoxie gehört jedoch selber in den Kreis jener Sinnambivalenzen des kulturellen Umbruchs und seiner Wertewandlungen. Das Haus hört auf, ein Ort der Geborgenheit zu sein, und rückt damit aus der Sphäre der Selbstwerte in diejenige der Mittel. Im Zuge der Aufwertung der Mittel aber wird Wohnen zum Selbstwert.

Wer ein Haus baut oder eine Wohnung bezieht, will, auch wenn die Zeitperspektive ihrer Nutzung sich verkürzt hat, den Wohnwert jeden Tag und jede Stunde genießen. Wohnung soll nicht mehr reduziert werden auf ein Mittel zu anderen Zwecken, sondern selber Sinn geben und Freude vermitteln.

Der Wunsch nach identitätsstärkender und -erweiternder Wohnqualität bezieht sich dabei nicht nur auf Haus und Wohnung, sondern auf das bauliche Ambiente, das Quartier und soziale Kontexte, auf die Infrastruktur von Verkehr, Versorgung und Vergnügung. Besonders das Quartier hat eine dramatische Aufwertung erfahren. Suchte man früher ein Haus oder eine Wohnung, so beginnt man seine Recherchen heute mit Überlegungen zu dem Umfeld von Stadt oder

---

7 Lau, C.: Gesellschaftliche Individualisierung und Wertwandel. In: Luthe/Meulemann (Hrsg.): Wertwandel … (Anm. 1), S. 230.

Land, Stadtteil und Quartier. Für diese Erweiterung eines gewählten Zuhauses hat Margaret Atwood im Blick auf das städtische Umfeld in einer Erzählung ein schönes Beispiel gegeben:

„Ich war schon früher in dieser Straße gewesen … aber jetzt konnte ich diese Straße zum ersten Mal als meine betrachten, als Teil des neuen Reviers, durch das ich Pfade und meine eigenen vertrauten Routen aufspüren konnte. Diese Bäume gehörten mir. Dieser Bürgersteig gehörte mir. Wenn der Schnee schmolz und die Bäume blühten, würden die feuchte Erde und die jungen Blätter und das Quellwasser, das die Rinnsteine entlangfloss, mir gehören."[8]

Die neue, unter dem Aspekt der Gegenwartsorientierung sich vollziehende Wohnungssuche erfüllt heutzutage auch viele nostalgische Sehnsüchte: „Ist der Prozess der Entnormativierung jedoch in einem Lebensbereich einmal durchgesetzt, dann geht wieder alles: Der Rückgriff auf die Tradition ist als Resultat einer bewussten und selbstreflexiven Entscheidung wieder genauso möglich wie die Orientierung an alternativen Lebensformen, wobei das Individuum die Sinngebung je stufenspezifisch selbst auffüllen kann."[9] Bei der Sanierung von Stadtteilen und der Restaurierung von Häusern warten allerdings auf denjenigen, der in Vergangenheit und Geschichte Halt suchen will, eine Fülle von Fallen und Enttäuschungen, auf die ich hier nicht eingehen kann.[10]

Der Wunsch, Wohnung als Selbstwert zu genießen, betrifft natürlich vor allem das Haus selbst. Zwar bleibt es stets Mittel: als Ort für Beruf und Freizeit, Geselligkeit und Entspannung, Versorgung und Hygiene. Aber gleichzeitig soll Wohnlichkeit einen Sinn liefern, der neben all diesen Zwecken mitläuft, als räumliche und ästhetische Spiegelung und Erweiterung eigener Identität. Neben der Kleidung bietet die Wohnung immer mehr Möglichkeiten solcher Identitätsstiftung und -erweiterung, und für sie gilt, was sich für die Kleidung längst durchgesetzt hat: eine wachsende Individualisierung. Mit ihr verbindet sich ein neuer ästhetischer Sinn, der dafür sorgt, dass das Kriterium „Schönheit" auf der Skala der

---

8   Atwood, M. (1987): Unter Glas. Erzählungen. Düsseldorf 1986, S. 8. Zum Wohnumfeld vgl. jüngst Lehmbrock, J.: Wohnen und Arbeiten wieder zusammenbringen. (Vor allem den Abschnitt „Kleine Wohnumgebung mit städtischer Vielfalt", mit einer guten Skizze für Versorgungsbereiche nach mittleren Geh- und Fahrzeiten). In: Das Bauzentrum, 1990, Nr. 7, S. 17–25.

9   Nummer-Winkler, G.: Entwicklungslogik … (Anm. 6), S. 251.

10 Vgl. Greiffenhagen, M. (1988): Wohnen in der alten Stadt. In: Die Alte Stadt, Nr. 4, S. 387–396

Wohnqualitäten immer mehr aufholt. Schönheit aber bedeutet „Zweckmäßigkeit ohne Zweck" (Kant), sie ist Sinn in sich selbst und als solche glücksspendend. Die Wohnung wird solchermaßen tendenziell zum Gesamtkunstwerk und wird bald nicht nur die Mitglieder der Avantgarde, sondern für eine breite Mittelschicht Möbel bergen, die reine Artefakte sind, z. B. Stühle, auf denen man nicht sitzen kann.

Die Gegenwartsorientierung führt zu einer fortschreitenden Individualisierung der Wohnwelt. Über Geschmack soll man streiten, und so wird Wohnen zum Thema ästhetischer Diskussion auch innerhalb der Familie. Wie die Kleidung wechselt, so wird es auch unter Eltern und Kindern, Alten und Jungen immer mehr „Wohnreiche" geben: des kleinen Kindes und der Heranwachsenden, der Frau und des Mannes, auch für alle zusammen. Jeder soll seine Individualität im Hause ausdrücken und wiederfinden können. Gleichzeitig soll sich jeder verändern und entwickeln dürfen. Das bedeutet Flexibilität der Räume und ihrer Nutzung, Abkehr von der lebenslangen Einrichtung und Offenheit gegenüber neuen Lebensgefühlen.

Wertgemeinschaft

Der kulturelle Umbruch bedeutet eine Auflösung des Klassen- und Schichtmilieus. Was dabei Ursache, was Wirkung ist, lasse ich hier außer Betracht.[11] Unverzichtbar dagegen ist eine Unterscheidung zwischen der Klassenlage und dem Klassenbewusstsein: Die Klassenlage ist weiterhin durch starke und steigende Differenzen der Vermögen und Einkommen bestimmt. Diese schlagen aber nicht auf das Klassenbewusstsein durch, das keine entsprechenden Spannungen abbildet. Gründe dafür liegen vor allem in den angeglichenen Konsum- und Freizeitgewohnheiten einer breiten Mittelschicht. Was früher die Privilegien der Elite ausmachte: Bedienung, Muße, Mobilität, ist zu allgemeinen Gütern vieler geworden. Entsprechend dicht sind die Lebensgewohnheiten und Glücksvorstellungen der Menschen aneinandergerückt. Das Fernsehen tat ein Übriges, um die Bewusstseinsinhalte anzugleichen.

---

11 Inglehart, R.: Kultureller … (Anm. 2), S. 311 ff.

Zusammen mit dem Klassenbewusstsein verlieren auch Arbeit und Beruf ihren bestimmenden Einfluss auf die Identitätsbildung der Menschen. Man spricht von einer „Entstandardisierung von beruflichen Biografiemustern".[12] Jugendliche Kohorten finden sich immer weniger nach beruflichen Kriterien zusammen, sie organisieren sich nach Freizeitgesichtspunkten.

Das Resultat dieser Entgrenzungen ist eine „lebensphasenspezifische Destabilisierung der Normalbiografie". Jeder gestaltet sein Leben als individuelles Projekt, ohne Rücksicht auf klassen-, schicht- und berufsspezifische Muster, die ihm früher Orientierung boten.[13]

Was tritt nun an die Stelle dieser alten Orientierungen durch Stand, Schicht, Klasse und Beruf? Es sind Wert- und Zielgemeinschaften, Lebensstile und Gesellungsformen, die quer zu den alten Orientierungen sich auf Zeit und nach Maßgabe von „Wertmoden" ergeben.

Ich verzichte darauf, diese Wertmoden und Wertkarrieren im Einzelnen vorzustellen, zusammen mit ihren soziologischen Verankerungen und Veränderungen. Es gibt hierfür eine Vielzahl von Ordnungsmustern und Modellvorschlägen. Die bekannteste ist die Unterscheidung zwischen Materialisten und Postmaterialisten, wie sie Ronald Inglehart in seinem Buch *The Silent Revolution* (1977) vorgeschlagen und in seinem neuen Werk *Kultureller Umbruch. Wertwandel in der westlichen Welt* (1989) wieder aufgenommen hat. Diese Unterscheidung hat viel Kritik bekommen, sich aber trotzdem als genereller Gesichtspunkt behaupten können. Inzwischen gibt es eine Fülle von Mischformen, von denen ich wahllos einige herausgreife: Traditionalist, karriereorientierter Individualist, systemkonformer Hedonist, hedonistischer Materialist, konservativer Hedonist, progressiver Idealist, postmaterieller Moralist, Konventionalist, Realist, Idealist etc.

Worauf es in unserem Zusammenhang ankommt, ist die gruppenbildende Kraft solcher Werteorientierungen. Anstelle proletarischer oder bildungsbürgerlicher Milieus gliedert sich die Gesellschaft heute nach Maßgabe neuer Solidaritäten. Man spricht von „sekundärer Vergemeinschaftung",[14] für welche die genannte Wahlfreiheit eine wesentliche Rolle spielt. Wahl- statt Schicksalsgemein-

12 Lau, C.: Gesellschaftliche ... (Anm. 7), S. 227.
13 A.a.O., S. 221.
14 A.a.O., S. 223.

schaft, Biografieplanung statt traditioneller Lebensorientierung, die neue Identität ist zwischen Autonomie und Anomie aufgespannt: „Dies alles ist riskant, angstverursachend, anomieverdächtig. Wahlvergemeinschaftung vollzieht sich unter dem Vorbehalt der Änderbarkeit, und dadurch steht die Suche nach Sicherheit unter der Prämisse der Unsicherheit der Entscheidungskriterien. Darüber hinaus ergibt sich die paradoxe Situation, dass der Versuch, Individualitätsabsicherung in unverwechselbaren Gemeinschaften zu erreichen, letztlich an der Erfahrung scheitern muss, dass es sich dabei um *kollektive* Ausbruchsversuche vieler Einzelner handelt – eine Erkenntnis, die das Gefühl der eigenen Austauschbarkeit nur vergrößern kann."[15]

Die in diesen Sätzen sich aussprechende Skepsis im Blick auf die Verlässlichkeit neuer Gruppenbildungen nach Maßgabe so zeitbedingter Kriterien führt in der Praxis zu dem Versuch, den neu gewonnenen Optionsraum gesellschaftlicher Bindung sofort wieder einzuschränken. Hierfür gibt es verschiedene Versuchsanordnungen. Für die meisten spielt die Erfahrung von Ängsten und Risiken eine wesentliche Rolle.[16] Man findet sich zusammen, weil man denselben Gefahren begegnen will. Gleichzeitig weiß man sich über eine Mikroideologie gleicher Werte verbunden.

Diese Werte zeigen sich bei näherem Hinsehen selber als Teile größerer Wertströme, die den gesellschaftlichen Wandel kennzeichnen. Auf diese Weise ergibt sich eine „Wertkarriere" innerhalb der individuellen Biografie: „Einmal internalisierte Werte gehören in dieser Perspektive nicht mehr zum festen, kontinuitätsverbürgenden Identitätskern der Individuen, sondern können im Verlauf der Biografie abhängig jeweils von der situativen Lebenslage und den selbst gewählten gemeinschaftlichen Ligaturen durch andere Werte in ihrer Priorität gemindert oder ersetzt werden. Unverwechselbar und individualitätsverbürgend wird dann nicht die stabile ‚Wertausstattung' des Individuums, sondern seine Wertkarriere."[17]

Dieser „Abschied vom Prinzipiellen" (Odo Marquardt) kann selber zu einem Wert werden und sich mit der Forderung nach einem multikulturellen Pluralis-

---

15 Ebd.
16 Ebd.
17 Lau, C.: Gesellschaftliche … (Anm. 7), S. 227.

mus verbinden. Dies ist die gegenwärtig schwierigste Situation: Menschen verbinden sich in der ausgesprochenen Absicht, unterschiedlichste Wertsysteme und Erziehungsstile nebeneinander gelten zu lassen und gleichzeitig eine Nachbarschaft zu bilden.

Die neue Organisation der Gesellschaft nach Wert- und Zielgemeinschaften ergibt für Bauen und Wohnen Gesichtspunkte, die ich im Folgenden kurz skizziere.

Wer seine Wohnung unter dem Gesichtspunkt neuer Wahlzugehörigkeit zu einer Ziel- und Wertgemeinschaft aussucht, wird sich nicht nur mit einem dafür passenden Haus zufriedengeben, sondern seine Kriterien auch auf das Quartier, die Frage: Stadt oder Land, unter Umständen sogar auf die Region oder später womöglich auf einen Staat seiner Wahl richten. Bei der Wahl des Staates ist es eher die politische Kultur, bei der Region vielleicht eine landsmannschaftliche oder ökologische Perspektive, bei der Stadt die Frage ihrer Urbanität, im Falle des Quartiers seine Bewohner. Wer heutzutage seine „Wahlheimat" in einem innerstädtischen Quartier sucht, tut dies nicht mehr aus schichtspezifischen Gründen. Die „neuen Urbaniten" ergeben sich vielmehr aus zwei sehr verschiedenen sozialen Gruppen. Da sind einmal die „young urban professionals", die Yuppies. Sie sind beruflich erfolgreich und pflegen jenen chic-dynamischen Lebensstil, der einen Hauch von Freiheit und Luxus verbreitet. Andererseits die „Alternativen". Sie negieren alles Bürgerliche und propagieren neue Lebens- und Arbeitsformen. Aber obwohl es so scheint, als gehörten sie zwei verschiedenen Welten an, sind sie doch aus einer gemeinsamen Wurzel kulturellen Wandels in die Welt und in unsere Städte gekommen. Diese Wurzel ist die Krise des bürgerlichen Lebensmodells. Die Innenstädte, einst die Hochburgen eines stolzen und selbstbewussten Bürgertums, erfahren ihre Renaissance ausgerechnet aus Strömungen, die alles andere kultivieren wollen, nur nicht jene „methodische Lebensführung", die uns seit Max Webers Beschreibung als kultureller Kern des Bürgerlichen gilt.[18]

Es gibt inzwischen neue Areale, die ausdrücklich für bestimmte Gruppen von Bewohnern gebaut sind. In einzelnen Fällen werden die künftigen Bewohner mit in die Planung einbezogen.

---

18 Häußermann, H./Siebel, W. (1987): Neue Urbanität. Frankfurt am Main, S. 14.

Was den Haus- bzw. Wohntyp angeht, so werden von postmaterialistisch gesinnten Bewohnern generell kleine Häuser mit etwa gleich großen Räumen bevorzugt. Auf diese Weise wird das repräsentative bürgerliche „Wohnzimmer" vermieden, zusammen mit einer eindeutigen Hierarchisierung des Hauses. Die Wohnungen des alten Kleinbürgertums „sind aus unterschiedlich vielen, etwa gleich großen Zimmern zusammengesetzt, denn ein Zimmer für ein einzelnes Kind konnte man sich früher gar nicht leisten. In den für Arbeiter gebauten Mietskasernen kann man sich heute sogar ganz nach eigenen Entwürfen einrichten, weil nicht einmal Küche oder Bad als separate Räume vorhanden waren. Aus einer Anzahl undefinierter Räume lässt sich mit heutigen Mitteln eine flexible Wohnform entwickeln, die differenziertesten Wünschen entgegenkommt."[19]

Postmaterialisten werden sich immer stärker vom teuren Hausbau abwenden, aus verschiedenen Gründen: Einmal entspricht es ihrer Überzeugung, mit Ressourcen sparsam umzugehen. Hinzu kommt ein handfester Grund, der erst jetzt statistisch erhärtet worden ist: Postmaterialisten verdienen im Schnitt weniger als Materialisten.[20] Dieser Gesichtspunkt trifft sogar auf ganze Volkswirtschaften zu, in denen der Anteil der Postmaterialisten signifikant höher ist als der von Materialisten.[21] Schließlich erlaubt ein geringer Mitteleinsatz für Wohnen eine größere Disponibilität im Blick auf das Gesamtbudget. Man hat Bewegungsfreiheit für den Fall, dass man in seiner Werthierarchie Umskalierungen vornimmt. Das gilt besonders für finanzielle Bindungen im Blick auf das Alter mit geringeren finanziellen Ressourcen: Man ist nicht gezwungen, aus einem Hause mit Schwimmbad auszuziehen, weil man es nicht mehr unterhalten kann. Wer allerdings meint, eine postmaterialistische Gesellschaft gebe weniger Geld für Wohnen aus, sieht sich durch die bereits eingetretenen Entwicklungen enttäuscht. Es gibt nicht nur mehr preisgünstige Wohngemeinschaften von Menschen desselben Lebensstils und gleicher Wertpräferenz, sondern es gibt noch mehr Wohnungen, inzwischen auch Häuser, für Singles. Die Gruppe der Singles ergibt sich bekanntlich aus alten Menschen, jungen, noch ungebundenen Menschen, Geschiedenen und solchen, die zwar einen Lebensgefährten haben, es aber vorziehen, allein zu wohnen. Diese

---

19 A.a.O., S. 18.
20 Inglehart, R.: Kultureller ... (Anm. 2), S. 222.
21 A.a.O., S. 225.

letzte Gruppe der Singles aus Überzeugung und Wertorientierung ist in dramatischer Ausweitung begriffen, sodass es sinnvoll ist, auf Wohnformen und Grundrisse zu sinnen, die preisgünstig und im Blick auf Wohnverbrauch tolerabel sind.

Unnötig, noch einmal zu betonen, was längst schon ins allgemeine Bewusstsein gedrungen ist: Das Haus des Postmaterialisten bedeutet in vieler Hinsicht Abschied vom Bürgertum: keine Eingangshalle, kein Herrenzimmer, kein Damensalon, keine Empfangs- und Repräsentationsräume; keine Vorgärten, keine Minialleen, keine „Umschwünge" ums Haus. Dafür ökologische Verantwortung, Sparsamkeit, „demokratische Raumauffassung".[22] Vor allem aber: Flexibilität, d. h. Nutzmöglichkeiten, an die man zur Zeit des Baus nicht gedacht hat. Provisorien müssen jederzeit möglich sein (z. B. der Übernachtungsbesuch einer Gruppe von Freunden oder Gefährten der Kinder auf der Durchreise zu einem fern gelegenen Reiseziel). Gleichzeitig sollen Haus und Wohnung der Identitätsspiegelung jedes Bewohners dienen können, im Sinne erweiterter Räume des Ichs, ohne dass diese Räume deshalb größer sein müssen, eher im Gegenteil.

Diese Perspektive bedeutet für alle, die mit Bauen zu tun haben, eine ungeheure Herausforderung. Wenn alles möglich ist und möglich sein soll, ist beides möglich geworden: den Wünschen der Bauherren bedenkenlos zu folgen oder sie mit einem Haus zu beglücken, das in seinem Grundriss den Vorstellungen des Architekten von „Modernität" oder „Raumgefühl" entspricht. Angesichts dieser Offenheit ist ein neues Bildungsverständnis des Architekten gefragt, der nun wirklich zum „Generalintendanten" wird: Ebenso wenig, wie der Generalintendant alles selbst macht und alles selbst weiß, kann es für den Architekten der Zukunft nicht mehr darum gehen, alles allein zu machen. Er wird mehr Hilfe brauchen, er wird auch mehr lesen müssen, um der Aspektvielfalt seiner Aufgabe gerecht zu werden.

Wohnen als Glücksquelle

Wohnen gehört zu den Grundbedürfnissen des Menschen. Wie Essen und Kleidung wird das Haus immer zum selbstverständlichen Bestand jeder menschlichen Kultur gehören. Die Bedeutung für die Glücksbilanz war immer schon star-

---

22 Vgl. Häußermann, H./Siebel, W.: Neue … (Anm. 18), S. 18.

ken Schwankungen ausgesetzt. Wer aus klimatischen oder sozialen Gründen stärker im Freien, auf öffentlichen Plätzen oder in Restaurants lebt, legt weniger Wert auf Wohnkultur und gibt mehr Geld für Kleidung aus. Der kulturelle Umbruch wird uns neue Kriterien für die Skalierung des Glücksgutes Wohnen liefern. Dabei spielt die Kategorie „Selbstverwirklichung" eine große Rolle. Wer nach eigenem Gusto leben will, muss an einer Wohnung interessiert sein, die dies möglich macht.

Zusammen mit solchen postmaterialistischen Zielen bleiben die alten Gesichtspunkte in Kraft. Haus und Wohnung werden weiterhin zu den wichtigsten, weil wertbeständigsten Eigentumsformen gehören. Aber die Konkurrenz anderer Glücksgüter wird schärfer werden und auch in Deutschland immer mehr Menschen fragen lassen, welchen Stellenwert innerhalb der Glücksgüter – und das heißt stets auch innerhalb des Budgets – sie Haus und Wohnung einräumen wollen. Fördert oder gefährdet ein abzuzahlendes Haus andere postmoderne Glücksgüter wie Mobilität, Spontaneität, Variabilität, Flexibilität, Disponibilität, Sozialität, Pluralität, Individualität?

Auf der anderen Seite sahen wir, dass das Wohnen zum Selbstwert wird: als Raum ästhetischer Gestaltung, als Bewährung ökologischen Bewusstseins, als Ausweis entschlossenen Energiesparens, als Förderung neuer Urbanität, als Raum neuer Pädagogik und eines neuen Lebensstils.

Welche der genannten Tendenzen sich in Zukunft als kräftig erweisen wird, ist schwer zu sagen. Postmaterialistisches Wohnen ist ein Luxusgut und wird deshalb nie unabhängig von der allgemeinen Wohlstandsentwicklung sein. Aber wohnen muss der Mensch, und es sind Entwicklungen denkbar, die nicht nur Bauherren, sondern auch postmaterialistisch gesinnte Mieter nach preisgünstigen Wohnungen Ausschau halten lassen. Wir kennen solche Trends aus der Welt des Automobils, eines anderen Konsumguts, das vermutlich noch sehr sensibel auf den Wertewandel reagieren wird. Aber im Unterschied zum Auto kann niemand auf seine Wohnung verzichten, höchstens auf die Zweitwohnung.

So bleiben Haus und Wohnung, was sie immer waren: unverzichtbare Konsumgüter. Aber sie verändern unter den Zeichen des kulturellen Umbruchs ihren Charakter. Die Paradoxie dieser Wandlung liegt darin, dass unter den Bedingungen steigenden Wohlstands Wohnung und Haus perspektivisch nicht zwangsläufig größer und teurer werden müssen (wennschon der Wohnflächenbedarf im Ganzen aus den angegebenen Gründen leider steigen wird).

Ich schließe mit einer Wiederholung der eingangs gegebenen Warnung: Aus den hier entwickelten gesellschaftspolitischen Perspektiven lässt sich kein Rezept für den einzelnen Bau entwickeln. Aus dieser Einsicht lassen sich zwei Maximen formulieren: Man sollte nicht mehr für jemanden bauen, den man nicht kennt; und man sollte beim Bau nicht allein die gegenwärtigen Bedürfnisse der augenblicklichen Benutzer im Auge haben. Anders gesagt: Auf Trends kann man nicht bauen, aber man sollte sie kennen.

Hans-Michael Brey

Kulturelle Bildung im Quartier: vom Wohnraum zum Lebensraum

Francis Fukuyama stellt in seinem Buch *Identität* fest, dass die Unterstützung für Demokratien seit Jahren weltweit rückläufig sei.[1] Eine Entwicklung, die, so Julian Nida-Rümelin, freiheitlich verfasste Gesellschaften vor neue Herausforderungen stelle.[2] Ein Grund, so Fukuyama, seien ungeklärte Identitätsfragen, die sich in der politischen Debatte zu einem Leitmotiv entwickelt haben. Aspekte der Identität entscheiden über das Wohl und Wehe von Demokratien. Neben der Problembeschreibung offeriert Fukuyama auch Lösungen. Um Demokratien zu stabilisieren, sei es unter anderem notwendig, sich auf liberale demokratische Grundprinzipien zu stützen und sich gleichzeitig erneut an die Ideen der Aufklärung – und hier rekurriert er auf ein Konzept von Bassam Tibi – zu erinnern.[3]

Solange die Fragen der Identität nicht gelöst sind, werden Probleme sozialer Ungleichheit auch nicht gelöst werden können. Diese Entwicklung wirkt auf Teile der Wohnungs- und Immobilienwirtschaft in Form einer Wirkungskette, die sich gegebenenfalls selbst negativ verstärkt: Aufgrund z.B. einer sich verändernden Nachfrage am Wohnungsmarkt, einer falschen Belegungs- oder auch Schulpolitik können sich vormals intakte Quartiere, die bis dahin eine vielfältige und intakte sozioökonomische Bevölkerungsstruktur aufwiesen, verändern. Im Ergebnis der Entwicklung verlieren Wohnanlagen an Attraktivität. Dies hat Auswirkungen auf die soziale Infrastruktur.[4] Daraus ergeben sich reduzierte Bildungschancen für

---

1   Vgl. Fukuyama, Francis: Identität. Wie der Verlust der Würde unsere Demokratie gefährdet. Hamburg 2019.
2   Vgl. Nida-Rümelin, Julian: Die gefährdete Rationalität der Demokratie. Ein politisches Traktat. Hamburg 2020.
3   Vgl. Fukuyama, Francis: Identität. Hamburg 2019, S. 196 und 198.
4   Vgl. Winkel, Rainer: Soziale Infrastruktur. In: Handwörterbuch der Stadt- und Raumentwicklung. ARL – Akademie für Raumforschung und Landesplanung (Hrsg.): Hannover 2018, S. 2186, unter: https://shop.arl-net.de/media/direct/pdf/HWB%202018/Soziale%20Infrastruktur.pdf, abgerufen am 26.02.2021, 10.20 Uhr.

die Bewohner im Quartier.[5] Fragen der Zugehörigkeit und der Identität treten erneut in den Vordergrund. Ein Teufelskreis ist in Gang gesetzt. Somit erscheint die Feststellung legitim, dass es um die Zukunft freiheitlicher Werte schlecht steht, solange diese Gegensätze nicht aufgelöst sind. Wer aber bereit ist, sich im Sinne der Werte der Aufklärung zu engagieren, dem wird die Ausgestaltung der Zukunft – basierend auf einer freiheitlich demokratischen Grundordnung – auch gelingen.[6]

Mit Blick auf die Wohnungs- und Immobilienbranche und ihre originäre Aufgabe, Märkte der Zukunft im eigenen Sinne zu erschließen, hat Martin Greiffenhagen in seinem Artikel „Wohnen im Wertewandel" vor 30 Jahren Thesen formuliert, die heute die gleiche Gültigkeit beanspruchen können wie zur Zeit der Erstpublikation im Jahr 1991.[7] So vertritt der Autor in diesem Aufsatz die Ansicht, dass die Idee des Wertewandels sich in Wahlfreiheit ausdrückt. Diese Freiheit, die Greiffenhagen für Ehe, Familie und Beruf konstatiert, gilt auch für das Haus und die Wohnung. Letztere ist zu einem Selbstwert geworden. An die Stelle von Schicht, Klasse oder Beruf treten die Wert- und die Zielgemeinschaft. Das Thema der Identität hat, so Greiffenhagen, das Individuum für sich selbst gelöst. Im Ergebnis ersetzt die Ziel- die Schicksalsgemeinschaft. Somit folgert Greiffenhagen, dass die individuelle Wahl des Milieus direkte Auswirkungen auf die Branche und die Gesellschaft hat.

Somit muss die Branche – und damit leistet sie einen indirekten Beitrag zur gesellschaftlichen Stabilität – die sich abzeichnenden Trends in ihren Bauvorhaben berücksichtigen. Hier kann das Gut „Wohnen" einen positiven Einfluss auf die weitere Entwicklung der Gesellschaft nehmen. So bezeichnete der Stadtplaner Rudolf Hillebrecht die Wohnung schon 1948 als „Schlüssel zur Zukunft".[8] Ihr

---

5 Vgl. Pauen, Michael: Macht und soziale Intelligenz. Warum moderne Gesellschaften zu scheitern drohen. Frankfurt am Main 2019, S. 272 f.

6 Vgl. hierzu auch Rüstow, Alexander: Ortsbestimmung der Gegenwart. Eine universalgeschichtliche Kulturkritik, Erster Band, Stuttgart 1950, S. 19, der das Phänomen der „gefährdeten Freiheit" im Angesicht der bald 2.000-jährigen Geschichte der Menschheit umfassend untersucht hat.

7 Vgl. Greiffenhagen, Martin: Wohnen im Wertewandel. In: Becker, Kurt E., et al. (Hrsg.): Umwelt-Widersprüche, Konflikte, Lösungen. Bonn 1991, S. 103–113. Siehe auch in dieser Publikation S. 31 ff.

8 Hillebrecht, Rudolf: Fundamente des Aufbaus. Hamburg 1948, S. 98; zitiert nach: Strobl, Hilde: „Hohe Häuser, lange Schatten". Die Bauten des Gewerkschaftsunternehmens Neue Heimat, S. 10. In: Lepik, Andreas/Strobl, Hilde (Hrsg.): Die Neue Heimat [1950–1982]. Eine Sozialdemokratische Utopie und ihre Bauten. München 2019.

kam eine zentrale Rolle bei der Demokratisierung von Gesellschaft zu. Im Zuge der aktuellen Diskussion über die Zukunft von Demokratien und die Notwendigkeit, diese mittels geklärter Identitätsfragen zu stabilisieren, sollten die Überlegungen von Greiffenhagen um einen Punkt, den Thomas Sieverts in seinem Artikel „New Frontiers für unsere Gesellschaft. Für eine Avantgarde der Erdverträglichkeit" formuliert, erweitert werden, um den jüngsten Herausforderungen gerecht zu werden.[9] Er wirbt für eine über die Nachhaltigkeit hinausgehende Erdverträglichkeit in der Bau- und Stadtentwicklung. Wenn dieser Begriff auch sehr schillernd ist, so ist seine Botschaft unmissverständlich: Die Gesellschaft als Ganzes muss sich der nachhaltigen Produktion, der Verwendung und Nachnutzung von Bauprodukten in Zukunft noch stärker annehmen als bisher. Hierzu wären zwei Schritte notwendig: Zum einen sollte die Aufgabe des Bauens und des Planens in der Verwaltung neu verortet und auch geordnet werden. Zum anderen wäre dies eine Aufgabe, die die Zivilgesellschaft mit übernehmen könnte.

Mit Blick auf die gegenwärtige Entwicklung reicht diese Aufgabe bereits heute von der Ebene der Europäischen Union über die des Bundes, der Länder bis hin zu den Unternehmen, die im Quartier eigene Bestände bewirtschaften, und den sozialen Trägern vor Ort, die diese nutzen.

Ausgewählte Entwicklungen auf Ebene der Europäischen Union, des Bundes und der Länder

Lag die Zukunft der Gesellschaft aus Perspektive der Wohnungs- und Immobilienwirtschaft bisher in vielfältigen, sozial stabilen und nachhaltigen Quartieren, die dem Menschen Identität und Heimat geben, ist, an die Überlegungen von Greiffenhagen und Sieverts anknüpfend, ein weiterer Aspekt hinzuzufügen: Quartiere müssen nachhaltiger als bisher gebaut werden. Mit dem Bau beziehungsweise der Bewirtschaftung des Stadtteils wird darüber entschieden, ob und wie die Gesellschaft auf zukünftige Herausforderungen reagiert. Hierzu wurden in den zurückliegenden Jahren zahlreiche Dokumente verabschiedet, die die Politik der Europäischen Union und des Bundes definieren. Erwähnenswert ist die

---

9 Vgl. Sieverts, Thomas: New Frontiers für unsere Gesellschaft. Für eine Avantgarde der Erdverträglichkeit. In: Rieniets, Tim/Sauerbruch, Matthias/Walter, Jörn: urbainable – stadthaltig. Positionen zur europäischen Stadt für das 21. Jahrhundert. Berlin 2020, S. 176–177.

Leipzig-Charta aus dem Jahre 2007, die unter deutscher EU-Ratspräsidentschaft im Jahr 2020 neu gefasst wurde. Hinzu kommt zum Beispiel das Themenforum „Stadtentwicklung und Wohnen" im Zuge des Nationalen Aktionsplans Integration der Bundesregierung, welches von der Empirica AG begleitet wurde,[10] oder auch die Initiative „Gemeinsam für das Quartier", die – vom Deutschen Verband für Wohnungswesen, Städtebau und Raumordnung begleitet – als Teil der Nationalen Stadtentwicklungspolitik im Dezember 2020 verabschiedet wurde.[11] Zudem wurde in zahlreichen Organisationen die Bedeutung des Zusammenspiels von Quartier und Zivilgesellschaft diskutiert. So widmet sich zum Beispiel das Positionspapier „Urban Block 4.0" des Berufsverbands RICS Deutschland der intelligenten Quartiersentwicklung,[12] der Baukulturbericht 2020/21 der Bundesstiftung Baukultur thematisiert die Bedeutung öffentlicher Räume[13] und im Bundesverband für Wohnen und Stadtentwicklung werden die Potenziale der Gemeinwesenarbeit für die lokale Demokratie erörtert.[14] Darüber hinaus erhalten die Stadt- und die Quartiersentwicklung einen weiteren Bedeutungsschub im Zuge der Covid-19-Pandemie. Aufgrund der Corona-Krise, so die These des Wuppertal-Instituts, sind politische, wirtschaftliche, gesellschaftliche, soziale und individuelle Bezüge in einer Stadt neu zu denken.[15] Diese Überlegungen fallen in eine

---

10 Vgl. Themenforum Stadtentwicklung und Wohnen im Rahmen des Nationalen Aktionsplans Integration der Bundesregierung. Ergebnisbericht. Der Bericht wird, so die Auskunft auf der Internetseite der Bundesregierung, mit den weiteren Ergebnisberichten der Phase IV „zusammenwachsen" sowie mit einer Erklärung des Bundes, der Länder und der Bundesvereinigung der kommunalen Spitzenverbände zu einem Phasenbericht zusammen gefasst werden. Die Ergebnisse werden auf dem 13. Integrationsgipfel im Frühjahr 2021 präsentiert werden. Die Berichte sind auf der Website https://www.nationaler-aktionsplan-integration.de/napi-de abrufbar. Dort finden sich die Berichte der Phasen I bis III, abgerufen am 07.11.2020, 17.00 Uhr.

11 Vgl. Neue Allianzen für eine gemeinwohlorientierte Quartiersentwicklung, unter: https://www.deutscher-verband.org/publikationen/stichworte/stichworte-2020/gemeinsam-fuer-das-quartier.html, abgerufen am 07.11.2020, 18.20 Uhr. Die Vernetzungsinitiative „Gemeinsam für das Quartier" erarbeitet aus den gewonnenen Erkenntnissen Handlungsempfehlungen, die zum Bundeskongress Nationale Stadtentwicklungspolitik Anfang Dezember 2020 präsentiert wurden.

12 Vgl. RICS Positionen 2020. Urban Block 4.0 – zentraler Baustein für intelligente Stadtquartiere. Royal Institution of Chartered Surveyors (Hrsg.): Frankfurt am Main 2020.

13 Vgl. Bundesstiftung Baukultur (Hrsg.): Baukulturbericht. Öffentliche Räume 2020/21. Potsdam 2020.

14 Vgl. Oehler, Patrick/Schnur, Olaf/Becker, Anna: Was meint lokale Demokratie und trägt Gemeinwesenarbeit dazu bei? In: Forum Wohnen und Stadtentwicklung, vhw Bundesverband für Wohnen und Stadtentwicklung (Hrsg.), Heft 5, September–Oktober 2020, S. 271–277.

15 Vgl. Schneidewind, Uwe/Baedeker, Carolin/Bierwirth, Anja/Caplan, Anne/Haake, Hans: „Näher" – „Öffentlicher" – „Agiler". Eckpfeiler einer resilienten „Post-Corona-Stadt". Wuppertal Institut für Klima, Umwelt, Energie (Hrsg.): Wuppertal 2020 (Diskussionspapier April 2020).

Zeit, in der sich der Wohnimmobilienmarkt von der durch Covid-19 ausgelösten Wirtschaftskrise anscheinend löst. So folgert Christian Siedenbiedel in der FAZ vom 16. September 2020, hierbei auf das Gutachten des Rates der Immobilienweisen rekurrierend, dass „Corona nicht zu Trendbrüchen auf dem Wohnungsmarkt führen" wird.[16] Für die „Big Seven" des deutschen Wohnungs- und Immobilienmarktes wird, so Christian Siedenbiedel, ein weiteres Gutachten der Postbank in Kooperation mit dem Hamburgischen Weltwirtschaftsinstitut (HWWI) zitierend, zwischen 2019 und 2023 ein jährliches Wachstum zwischen 0,80 und 1,70 Prozent prognostiziert. Für Berlin wird ein durchschnittliches Wachstum von einem Prozent jährlich veranschlagt, so Christian Siedenbiedel, wiederum die Studie der Postbank und das HWWI zitierend.

Berlin – eine Metropole im Wachstum

Berlin – als eine der „Big Seven" – hat sich im zurückliegenden Jahrzehnt sehr erfolgreich zu einem Innovationsstandort entwickelt, an dem das Bruttoinlandsprodukt (BIP) überproportional stieg. Zwischen 2009 und 2019 wuchs das nominale BIP um 4,5 Prozent gegenüber 3,5 Prozent auf Ebene des Bundes. Damit hat die Wirtschaft in Berlin erfolgreich gegenüber dem Bund aufgeholt.[17] Die neu in die Stadt Ziehenden profitieren von dieser wirtschaftlichen Entwicklung. Der sich aus dem kontinuierlichen Zuzug ergebende Nachfragedruck wirkt unmittelbar auf die Immobilienmärkte und stellt Politik und Gesellschaft vor neue Herausforderungen. Laut einschlägigen Prognosen – erstellt vor der Covid-19-Pandemie – braucht Berlin bis 2030 rund 194.000 neue Wohnungen, um die Nachfrage zu bedienen und den Mietenanstieg zu dämpfen.[18] Hier kommt der kommunalen Wohnungs- und Immobilienwirtschaft im Verbund mit den Verantwortlichen der Stadtentwicklung eine besondere Verantwortung zu. In bestehenden und in neu zu schaffenden Quartieren ist bezahlbarer Wohnraum zur Verfügung zu stellen. Im Zeitalter des Arbeitsmarktwandels aufgrund des digitalen Fortschritts, des

---

16 Siedenbiedel, Christian: In Großstadtnähe steigen die Preise. In: FAZ vom 16.09.2020, S. 23.
17 Vgl. hierzu die Verlautbarungen der Senatsverwaltung für Wirtschaft, Energie und Betriebe, Abteilung Wirtschaft, unter: https://www.berlin.de/sen/wirtschaft/wirtschaft/konjunktur-und-statistik/ wirtschaftsdaten/wirtschaftsleistung, abgerufen am 14.11.2020, 09.40 Uhr.
18 Vgl. hierzu den Stadtentwicklungsplan Wohnen 2030. Neue Wohnungen für Berlin. Senatsverwaltung für Stadtentwicklung und Wohnen (Hrsg.): Berlin 2020, S. 9.

demografischen Wandels, der Klimaveränderung und der Verstädterung bedarf es einer gemeinschaftlichen Herangehensweise der unterschiedlichen Disziplinen, um den sich aus den Makrotrends ergebenden Herausforderungen gerecht zu werden. Hier kann das Gut Wohnen den oben angeführten stabilisierenden Einfluss auf die weitere Entwicklung der Gesellschaft nehmen. Damit wird ein Bogen zur Weimarer Reichsverfassung (WRV) 1919 geschlagen. In Artikel 155 WRV wird „jedem Deutschen eine gesunde Wohnung und allen deutschen Familien, besonders den kinderreichen, eine ihren Bedürfnissen entsprechende Wohn- und Wirtschaftsheimstätte" zugesichert.[19] Mit der verfassungsrechtlichen Zusicherung ging eine ordnungspolitische Debatte einher, die von Parteien, Regierungen und Verbänden geführt wurde.[20] Wohnen wurde als Ausweis einer Sozialpolitik und als wichtiges Element der Demokratisierung von Gesellschaft verstanden. Ein Gedanke, der aufgrund derzeitiger politischer Entwicklungen eine hohe Aktualität besitzt. Denn die übergeordneten Ziele der Wohnraumbeschaffung existieren nach wie vor: Mit dem Bau der Wohnung, des Quartiers beziehungsweise des Stadtteils und der städtischen Anbindung wird darüber entschieden, wie in Zukunft Gesellschaft verfasst ist.

Stiftungen liegen nicht nur im Trend – sie bereichern die Gesellschaft

In dem Wissen um die gesellschaftspolitische Bedeutung des Gutes Wohnen sind die Ziele der kommunalen Wohnungsunternehmen bei der Bewirtschaftung von gebauten und bei der Entwicklung von neuen Quartieren vielschichtig.[21] So sollen Quartiere attraktiv sein, die gesellschaftliche Teilhabe soll organisiert

---

19 Die Verfassung des Deutschen Reichs („Weimarer Reichsverfassung") vom 11. August 1919 (Reichsgesetzblatt 1919, S. 1383), unter: https://www.jura.uni-wuerzburg.de/fileadmin/02160100/ Elektronische_Texte/Verfassungstexte/Die_Weimarer_Reichsverfassung_2017ge.pdf abgerufen am 19.02.2021, 13.30 Uhr.

20 Vgl. Kornemann, Rolf: Gesetze, Gesetze … Die amtliche Wohnungspolitik in der Zeit von 1918 bis 1945 in Gesetzen, Verordnungen und Erlassen. In: Kähler, Gert (Hrsg.): Geschichte des Wohnens, Band 4, 1918–1945: Reform, Reaktion, Zerstörung. Stuttgart 1996, S. 604 f.

21 Zur Einführung in das Politikfeld Wohnungspolitik sei beispielhaft verwiesen auf: Bartholomäi, Reinhart C.: Wohnungspolitik in Deutschland – eine begriffliche und historische Annäherung. (2.1) Die Entwicklung des Politikfeldes Wohnen. In: Egner, Björn/Georgakis, Nikolaos/Heinelt, Hubert/Bartholomäi, Reinhart C. (Hrsg.): Wohnungspolitik in Deutschland. Positionen. Akteure. Instrumente. Darmstadt 2004, S. 15–34. Zur Einführung in das Thema Quartiersentwicklung sei beispielhaft verwiesen auf die nachfolgende Publikation, die ihren Grad an Aktualität nicht verloren hat: GdW Bundesverband deutscher Wohnungsunternehmen e. V. (Hrsg.): Überforderte Nachbarschaften. Zwei sozialwissenschaftliche Studien über Wohnquartiere in den alten und den neuen Bundesländern. Köln 1998.

und die Mieter und Anwohner sollen für Fragen der Quartiers- und Stadtentwicklung sensibilisiert werden. Hinzu kommt, dass sich die Unternehmen in der gesellschaftlichen Verantwortung sehen, ein tolerantes Zusammenleben der Quartiersbewohner zu gestalten. Hierbei geht es zudem um Fragen der Identität und letztendlich auch um Heimat. Um dieser Verantwortung zu entsprechen, engagieren sich kommunale Unternehmen der Wohnungs- und Immobilienwirtschaft unter anderem in Form von Stiftungen. So haben zum Beispiel im Jahr 1997 die Berliner Gesobau AG, 1999 die Bremer Gewoba, 2007 die Hamburger SAGA GWG, 2013 die Berliner Gewobag AG und 2018 die Berliner Howoge eigene Stiftungen ins Leben gerufen, um über ihren originären gesellschaftlichen Auftrag hinaus Wohnraum zu schaffen, sich im Sinne der Menschen in den eigenen Stadtteilen sozial zu engagieren. Die Projekte der Wohnungsunternehmen beziehungsweise ihrer Stiftungen eint das gemeinsame Ziel, lebenswerte Räume und Nachbarschaften für ein tolerantes Miteinander zu schaffen. Das Engagement der Wohnungsunternehmen zielt in erster Linie auf die Bereiche Bildung, Kultur, Soziales und Sport. Mit Blick auf ihre Engagements verfolgen die hiesigen Wohnungsbaugesellschaften das Ziel, Berlin als einen „lebens- und liebenswerten Standort" zu erhalten. Es gehört aber auch zur sozialen Realität, dass jedes dritte Kind und ein Drittel der Jugendlichen in Berlin in einer sogenannten Bedarfsgemeinschaft leben. Das heißt, sie brauchen staatliche Hilfe. Die Jugendarbeitslosigkeit in Berlin liegt bei fast 10 Prozent und betrifft junge Menschen aus benachteiligten Haushalten überproportional.

Die Quartiersentwicklung –
das Handlungsfeld der Stiftung Berliner Leben

Die Stiftung Berliner Leben wurde im Jahr 2013 durch die Gewobag Wohnungsbau-Aktiengesellschaft Berlin mit dem Satzungsauftrag gegründet, Kunst, Kultur, Jugend- und Altenhilfe sowie Sport zu fördern.[22] Das Ziel: stabile nachbarschaftliche Strukturen, die den sozialen Ausgleich und die Integration unterschiedlicher Bevölkerungsgruppen in den Berliner Quartieren befördern.

---

22 Vgl. hierzu die Satzung der Stiftung Berliner Leben, unter: https://www.stiftung-berliner-leben.de/wp-content/uploads/2020/02/2019_12_11_neue-Satzung.pdf, abgerufen am 08.11.2020, 09.55 Uhr.

Folgende drei Grundsätze definieren den Stiftungszweck:

- Integration und Förderung von Nachbarschaften machen Quartiere lebenswert.
- Kultur macht Quartiere lebenswerter.
- Bildungsanreize über Kulturprojekte schaffen Identifikation mit dem Quartier.

Die Stiftungsprojekte aus den Bereichen Kunst, Kunstpädagogik, kulturelle Bildung, Integration und Sport, die Kinder, Jugendliche, Erwachsene und Senioren gleichermaßen ansprechen, basieren auf drei Säulen:

- dem Urban Nation Museum, einem Projekt, für das die Stiftung verantwortlich ist,
- dem Residenzprogramm Fresh A.I.R., das ebenfalls in direkter Obhut der Stiftung steht, und
- den Förderprojekten.

In den Förderprojekten geht die Stiftung Berliner Leben Partnerschaften mit verschiedenen Institutionen ein. So entstanden zum Beispiel folgende Projekte:

- „Abenteuer Oper!" – eine Kooperation mit der Komischen Oper Berlin,
- „Kiez meets Museum" – eine Kooperation mit der Nationalgalerie der Staatlichen Museen zu Berlin,
- „Wir aktiv. Boxen & mehr" – eine Kooperation mit dem Verein Isigym Boxsport Berlin e. V.,
- „Spiele und Spielzeug für alle" – eine Kooperation mit dem Verein Fördern durch Spielmittel e. V.,
- „KinderKulturMonat" – eine Kooperation mit der WerkStadt Kulturverein Berlin e. V.

Diese Aktivitäten entwickeln eine hohe gesellschaftliche Reichweite, die in unterschiedliche Milieus hineinwirkt. Beispielhaft sei auf vier Projekte verwiesen:

- Das Urban Nation Museum verzeichnete im Jahr 2019 knapp 117.000 Gäste, die das Museum und die Urban-Nation-Biennale besuchten. Ferner wurden etwa 5.000 Schulkinder in den Museums-Werkstätten in ihren eigenen künstlerischen Fähigkeiten geschult und mit dem Museum bekannt gemacht.
- Das Residenzprogramm Fresh A.I.R. unterstützt bis zu 26 Stipendiaten und Stipendiatinnen jährlich aus dem europäischen Kunst- und Kultursektor.

Diese arbeiten und leben jeweils sechs Monate in den elf Residenzen der Stiftung Berliner Leben. In den ersten drei Jahren waren 44 Künstler und Künstlerinnen im Rahmen des Künstlerresidenzprogramms Fresh A.I.R. aktiv.

- „Wir sind aktiv. Boxen & mehr" – unter diesem Motto trainieren mehr als 200 Jugendliche beim Verein Isigym Boxsport Berlin e.V. Der Boxclub wirkt stabilisierend auf die soziale Interaktion der Nachbarschaft, was nicht zuletzt am Engagement der Trainer und der sportlichen Bedeutung liegen dürfte. Seit seiner Gründung hat der Isigym Boxsport Berlin 57 deutsche Meister hervorgebracht, hauptsächlich Kinder und Jugendliche aus Schöneberg-Nord.

- Im Projekt „Abenteuer Oper!" kooperieren die Komische Oper Berlin, zwei Berliner Grundschulen und zwei Senioreneinrichtungen. Im Rahmen einer Projektwoche entwickeln Musiktheaterpädagogen und Grundschüler gemeinsam ein Opernstück. Neben dem Zugang zu kulturellen Themen erleben die Jugendlichen Kontakte zu älteren Menschen. Seit 2009 nimmt jedes Jahr eine Klasse der Otto-Wels-Grundschule und seit 2013 zwei Klassen der Askanier-Grundschule an dem Projekt teil. Seit 2009 waren insgesamt 1.286 Grundschüler aus Kreuzberg und Spandau am Projekt beteiligt.

Angesichts der positiven Erfahrungen in der Zusammenarbeit mit Kindern und Jugendlichen sowie den Partnern vor Ort wurden die Satzungsvorgaben schrittweise inhaltlich ausgeweitet. Demnach sollen Kinder und Jugendliche zusätzlich in ihrer persönlichen wie beruflichen Laufbahn unterstützt und demokratische Werte vermittelt werden, um die Identifikation mit der Gesellschaft weiter zu fördern. Mittels der Projekte sollen stabile Nachbarschaften und die Integration von Zugezogenen unterstützt und gefördert werden. Ferner möchte die Stiftung zu einem generationsübergreifenden Engagement der Einwohner in den Quartieren beitragen.

Die Projekte – so unterschiedlich sie auch sein mögen – ermöglichen Kindern und Jugendlichen, ihre Persönlichkeit zu entwickeln. Sie sollen erkennen, dass Schulbildung mit anschließender Berufsausbildung einen zentralen Wert in ihrem Leben darstellt. Die persönliche Entwicklung, die eine sprachliche wie auch kulturelle Entwicklung einschließt, sollen sie als eine Bereicherung erleben. Die Senioren in den Quartieren erhalten durch die Projekte Gelegenheit, am gesellschaftlichen Leben teilzunehmen und persönliche Erfahrungen zu vermitteln. Auf Nachbarschaftsebene entsteht ein Zugang zu kulturellen Einrichtungen für Jung und Alt. So stabilisieren sich die Quartiere durch den sozialen Austausch und durch die Integration unterschiedlicher Bevölkerungsgruppen.

Was Stiftungen für die Gesellschaft leisten können:
kulturelle Bildung im Quartier

Die Stiftungsprojekte sprechen Kinder, Jugendliche, Erwachsene und Senioren in den eigenen Quartieren niederschwellig an. Mithilfe von Kunst, Kultur und Sport werden gesellschaftlich relevante Themen des Alltags wie die gerechte Verteilung von Bildungschancen, die Funktionsfähigkeit von Demokratien, die Digitalisierung der Arbeitswelt, die Stabilisierung von Identitäten in Einwanderungsgesellschaften und die ungelösten Aspekte der Klimapolitik sowie Migrationsfragen aufgegriffen und in ihren Auswirkungen für jeden Einzelnen transparent und verständlich gemacht. Gesellschaftliche Entwicklungen, die von den Betroffenen verstanden werden, können nicht nur akzeptiert, sondern auch konstruktiv aus den Quartieren heraus begleitet werden. Damit zeigt sich die Bedeutung von kultureller Bildung für die Persönlichkeitsentwicklung und die Identitätsbildung junger Menschen. Kulturelle Bildung bietet eine mögliche Basis, um gesellschaftspolitisch relevante Themen anschaulich darzustellen.[23] Sie kann helfen, bestehende Verhältnisse positiv zu gestalten, und kann als Brücke ins neue Jahrtausend dienen. Mit ihrer Hilfe kann die Frage formuliert werden: Wie wollen die Menschen im 21. Jahrhundert leben? Ferner kann kulturelle Bildung die Voraussetzungen für einen an den zukünftigen Herausforderungen einer Gesellschaft orientierten Wohnungs- und Städtebau schaffen, der dem von Sieverts eingeforderten Postulat der Erdverträglichkeit gerecht werden könnte, weil er vom Großteil der Gesellschaft verstanden wird und daher von der Branche auch verantwortungsvoll umgesetzt werden kann. Ein sich verändernder Wohnungs- und Städtebau, der den Dienst an der Gesellschaft in den Mittelpunkt stellt, sollte mit sich neu entwickelnden Unternehmensstrategien Hand in Hand gehen, die

---

23 Vgl. https://www.bpb.de/gesellschaft/bildung/kulturelle-bildung, abgerufen am 01.11.2020, 15.10 Uhr.

sich auch zukünftig an den Grundsätzen der sozialen Markwirtschaft orientieren, indem innovative Lösungen in den Bereichen Digitalisierung, Energie, Mobilität, Ökologie und neue Wohnkonzepte angeboten werden. So ist es möglich, Antworten auf die Fragen zu geben, um an Martin Greiffenhagen anzuschließen, die die ökologischen, sozialen und technologischen Herausforderungen der Zukunft aufwerfen. Unter dieser Prämisse können Stiftungen der Wohnungs- und Immobilienwirtschaft ein Vehikel für die Formulierung der benötigten Antworten sein, um als Eckpfeiler für ein demokratisches Miteinander auch in Zukunft zu fungieren. Eine entsprechende Planung findet derzeit – im Angesicht von Covid-19 und den damit nicht einzuschätzenden gesellschaftlichen Implikationen – bei der Stiftung Berliner Leben für die Jahre 2021 bis 2023 unter der Überschrift „Stadtraum!Plus" statt. Hierbei handelt es sich um eine Plattform, die Angebote der kulturellen Bildung, der Berufsorientierung und des Sports für Kinder und Jugendliche quartiersbezogen bündelt und Akteure vernetzt. Auf diesem Weg sollte es in einem fest umrissenen Bereich gelingen, Zukunft im wohlgemeinten Sinne zu erschließen.

Jonas K. Löser

Soziale Nachhaltigkeit im Objekt – unter besonderer Berücksichtigung pandemischer Prävention[1]

Ohne Nachhaltigkeit keine Zukunft. Es steht außer Frage, dass Nachhaltigkeit ein essenzielles Leitbild ist, das das wirtschaftliche Handeln in den Kontext der Sicherung der Umwelt und einer menschenwürdigen Existenz stellt. Es finden sich in Deutschland kaum Organisationen oder Unternehmen, die sich nicht zur nachhaltigen Entwicklung bekennen.

Bei Nachhaltigkeit handelt es sich um ein mehrdimensionales Konstrukt, das sich gleichberechtigt aus einer ökologischen, ökonomischen und sozialen Dimension zusammensetzt, Gesundheitsaspekte werden unter „Soziales" inkludiert. Doch der Reihe nach.

Gebäude spielen unter dem Aspekt ökologischer Nachhaltigkeit eine wichtige Rolle. Im Rahmen der angestrebten Energiewende finden sich zahlreiche gesetzgeberische Maßnahmen, die eine „grünere" Bilanz von Gebäuden bewirken sollen. Schätzungen zufolge werden 40 Prozent der gesamten Primärenergie in Europa für den Betrieb von Gebäuden benötigt. Zudem wird die Hälfte der nicht nachwachsenden Rohstoffe durch den Bau oder die Sanierung von Bauobjekten beansprucht.[2] Unter anderem daher existiert die mittlerweile verbreitete Auffassung, dass der Immobiliensektor maßgeblich in die Umsetzung ökologischer Nachhaltigkeitsstrategien einzubeziehen ist.

Aus wirtschaftlichen Gesichtspunkten kommt dem Immobiliensektor zweifelsohne ebenfalls eine hohe Relevanz zu. Sein gesamtwirtschaftlicher Stellenwert zeigt sich deutlich darin, dass ein Großteil des gesamten Nettoanlagevermö-

1   Der vorliegende Beitrag basiert auf folgender Untersuchung: Löser, Jonas K.: Die Praxis des nachhaltigen Bauens. Springer: Wiesbaden 2017.
2   Vgl. Bammer, Otto/Brunner, Christian: Energieeffizienz in der Immobilienbewertung. Neue Methoden zur Bewertung der Nachhaltigkeit von Immobilien. Springer: Wien, New York 2012, S. 32.

gens innerhalb Deutschlands in Immobilien liegt. Nicht zuletzt in Anbetracht der aktuellen finanzpolitischen Lage ist damit zu rechnen, dass Immobilien durch den niedrigen Leitzins als langfristige Anlageobjekte noch stärker an Bedeutung gewinnen werden.

Auch unter dem Aspekt sozialer Nachhaltigkeit kommt Gebäuden eine besondere Relevanz zu. Gebäude sind in unserem Alltag allgegenwärtig und bestimmen dadurch in einem hohen Maße unsere Lebenswelt. Den Großteil des Tages verbringen die Menschen in modernen Gesellschaften in geschlossenen Räumen. Grundsätzlich erfüllen Gebäude ein essenzielles Bedürfnis des Menschen: das Bedürfnis nach Sicherheit. Gebäude bieten den Menschen Schutz vor Gefahren wie extremen Temperaturen und ungemütlicher Witterung und damit auch vor Krankheiten. Letzteres gilt in pandemischen Zeiten allerdings nur sehr eingeschränkt. Denn vier Mauern und ein Dach über dem Kopf schützen nicht vor viralen Infektionen.

So beeinflussen beispielsweise die Luftqualität, die Raumtemperatur und die Menge an eindringendem Tageslicht das Wohlbefinden und die Gesundheit der Nutzer. Die Gestaltung der Räume eines Gebäudes beeinflusst jedoch nicht nur das Wohlbefinden der Nutzer, sondern bestimmt auch den Ablauf von Arbeitsprozessen. In Anbetracht aktueller pandemischer Entwicklungen ist die Frage nach dem Gesundheitsschutz essenziell.

Unter Berücksichtigung der mit der Corona-Pandemie einhergehenden Risiken sind Gebäude im Bestand gerade in Hinblick auf ihre soziale Nachhaltigkeit zu überdenken. Arbeitsstätten wie Großraumbüros, die teilweise Legebatterien gleichen, sind in Anbetracht der aktuellen Lage nicht mehr zu rechtfertigen. Neue Hygienekonzepte sind notwendig, Abstandsregeln müssen innerhalb von Gebäuden gerade unter Berücksichtigung der sozialen Nachhaltigkeit umsetzbar sein. Dies gilt nicht nur im Zusammenhang mit dem neuartigen Coronavirus Sars-CoV-2, sondern auch für die jährliche Grippewelle und weitere mögliche Pandemien in der Zukunft. Durch sinnvolle Gebäudekonzepte kann der Ausbreitung von Krankheitserregern entgegengewirkt werden.

Eine Flucht in das Home Office scheint keine langfristige Lösung zu sein. Menschen sind Herdentiere und benötigen direkten sozialen Austausch. Die Produktivität geht mit der Identifikation gegenüber Inhalten, aber auch einer kollegialen Gemeinschaft einher.

Daher wird auch weiterhin in Gebäuden ein sozialer Raum benötigt, der den Austausch zwischen Individuen ermöglicht, ohne die Gesundheit des Einzelnen zu gefährden.

Der vorliegende Beitrag befasst sich mit den Fragen, inwiefern soziale Nachhaltigkeitskriterien innerhalb des Immobiliensektors Anwendung finden und wie ihre Anwendung gesteigert werden kann.

Da die gebaute Umwelt alltägliche Handlungen in hohem Maße beeinflusst, sind auch die Akteure von großer Bedeutung, die die Gebäude planen und erstellen – in der Regel Architekten und Ingenieure.

Mithilfe einer quantitativen Befragung von Architekten wurde sozial nachhaltiges Bauen 2017 erstmals empirisch untersucht und für diesen Beitrag um relevante Fragestellungen erweitert. Die damit verbundenen Ergebnisse können zu einem tiefergehenden Verständnis von sozialer Nachhaltigkeit beitragen, und Aspekte der Wechselwirkung von menschlichen Bedürfnissen, ökonomischen Interessen und ökologischer Nutzung der gebauten Umwelt können integrativ untersucht werden.

Generell betrachtet sind die Adaption von normativen und innovativen Ideen wie zum Beispiel Nachhaltigkeit und damit einhergehende Veränderungen der Baupraxis keine Selbstläufer. Sie bringen soziotechnische Änderungen mit sich. Nachhaltigkeitsorientierter Wandel ist daher auch von der Adaptionsfähigkeit der Akteure abhängig. Zudem kommt dem Staat durch strukturbildende Maßnahmen ein besonderer Stellenwert als wichtiger Impulsgeber für die Umsetzung von Leitbildern zu.

Neben der Befragung von Architekten wird daher auch die Lage der formellen Bestimmungen – in Form von Gesetzen und Baunormen – untersucht. So kann die formelle Regelungsdichte in Anbetracht der drei Nachhaltigkeitsdimensionen analysiert werden.

Um eine adäquate Beantwortung der hier im Mittelpunkt stehenden Fragen vornehmen zu können, wird zunächst der Begriff der Nachhaltigkeit spezifiziert und eine konzeptionelle Eingrenzung der ökologischen, ökonomischen und sozialen Nachhaltigkeit vorgenommen. Danach werden die zentralen Ergebnisse der Analysen erläutert und diskutiert.

Nachhaltigkeit im Immobiliensektor

Die Dreiteilung des Nachhaltigkeitsbegriffs in eine ökologische, eine ökonomische und eine soziale Dimension findet in der aktuellen wissenschaftlichen Literatur und in der Bewertung von Immobilien breiten Konsens. Ein Beispiel hierfür sind Gebäudebewertungssysteme wie DGNB oder BREEAM. Es existieren alternative Konzepte der Nachhaltigkeit, die sich im Vergleich zu der Triangulation jedoch kaum durchsetzen konnten. Dementsprechend schließt sich die vorliegende Abhandlung der Triangulation des Nachhaltigkeitsbegriffs an.

Die ökologische Nachhaltigkeitsdimension beinhaltet grundsätzlich die Sicherung von Lebensgrundlagen durch eine effiziente Nutzung von Ressourcen. Wird dieser Grundgedanke auf Immobilien übertragen, so kann zusammengefasst werden, dass das Ideal ökologischer Nachhaltigkeit in Bezug auf Immobilien erreicht ist, wenn eine positive Bilanz aus der Summe der Umweltauswirkungen aller verwendeten Produkte über alle Lebensphasen des Gebäudes besteht.[3]

Um dem Anspruch einer nachhaltigen Ökonomie nachzukommen, gilt es, entsprechend die gebäudebezogenen Kosten über den kompletten Lebenszyklus zu betrachten. Ziel ist es, eine möglichst lange Wertstabilität durch den effizienten Einsatz von wirtschaftlichen Gütern sicherzustellen.[4]

Als zentrale Größe ökonomischer Nachhaltigkeit stehen bei Planungsvorhaben von Gebäuden die Investitionskosten im Vordergrund. Zudem fallen zusätzliche Kosten während der Nutzungs- und Instandhaltungsphase eines Gebäudes an. Aus ökonomischer Nachhaltigkeitsperspektive kommt der Nutzungs- und Instandhaltungsphase einer Immobilie ein besonderer Stellenwert zu. Die anfallenden Betriebskosten während der Nutzungsdauer überschreiten bereits nach wenigen Jahren die Baukosten eines Gebäudes.[5] Die Betriebskosten einer Immobilie während der Nutzungsphase haben einen Anteil von circa 80 Prozent, bezo-

---

3   Vgl. Tritthart, Wibke: Nachhaltigkeit massiv – Strategien und Konzepte zur Integration sozialer Aspekte in baurelevante Nachhaltigkeitstools. Interuniversitäres Forschungszentrum für Technik, Arbeit und Kultur, Graz 2009, S. 40.

4   Vgl. Rottke, Nico/Reichardt, Alexander: Nachhaltigkeit in der Immobilienwirtschaft: Implementierungsstand und Beurteilung. In: Rottke, Nico (Hrsg.): Ökonomie vs. Ökologie. Nachhaltigkeit in der Immobilienwirtschaft? Immobilien-Manager-Verlag: Köln 2010, S. 28.

5   Grabatin, Günther: Betriebswirtschaft für Facility Management. Betriebswirtschaftliche Grundlagen. Kaufmännische Prozesse. Rechnungswesen und Controlling. TAW-Verlag: Wuppertal 2001, S.149.

gen auf den gesamten Lebenszyklus eines Gebäudes. Somit stehen in erster Linie geringe Betriebskosten im Vordergrund.

Diese Eindeutigkeit findet sich hinsichtlich der sozialen Dimension der Nachhaltigkeit in der wissenschaftlichen Auseinandersetzung bisher nicht. Ausgehend von der Kernbedeutung der sozialen Nachhaltigkeitsdimension stehen im Vergleich zur ökonomischen und ökologischen Dimension immaterielle Werte wie Gesundheit, Behaglichkeit und Partizipationsmöglichkeiten im Vordergrund. Die soziale Dimension der Nachhaltigkeit stellt neben der aktuell besonders relevanten Sicherung der Gesundheit der Gebäudenutzer die Zufriedenheit der Nutzer in den Mittelpunkt.[6] Gesundheit gilt es unter anderem durch eine hohe Qualität der Innenraumluft zu garantieren. Ziel ist es, die Belastung der Nutzer der Gebäude durch Schadstoffe und Krankheitserreger zu reduzieren. Dabei spielen auch Kriterien wie eine geringe Feinstaubbelastung, eine niedrige Kohlenstoffdioxidkonzentration und eine angemessene Luftfeuchtigkeit eine wichtige Rolle.[7] Um diesen Kriterien zu genügen, sind Eigenschaften wie ein den Jahreszeiten entsprechender thermischer Komfort für die Nutzer zu beachten. Eine angemessene Raumtemperatur sowohl im Winter als auch im Sommer ist eine wichtige Grundlage für das Wohlbefinden der Gebäudenutzer. Durch eine adäquate Beleuchtung und akustischen Komfort kann ein hohes Maß an Behaglichkeit geschaffen werden. Während der Nutzungsphase eines Gebäudes ist die Maximierung der individuellen Einflussmöglichkeiten auf die Gebäudesteuerung ein wichtiger Bestandteil der sozialen Nachhaltigkeitsdimension.[8]

Letztendlich handelt es sich bei den drei Nachhaltigkeitsdimensionen jedoch um eine analytische Abgrenzung. Deshalb werden sie getrennt voneinander besprochen, obwohl sie sich in der Realität in konkreten Punkten überschneiden oder in Wechselwirkungen zueinander stehen können. Dadurch wird nochmals deutlich, dass nur eine ganzheitliche Betrachtung dem Konzept der Nachhaltigkeit gerecht werden kann.

6   Tritthart, Wibke: Nachhaltigkeit massiv – Strategien und Konzepte zur Integration sozialer Aspekte in baurelevante Nachhaltigkeitstools. Interuniversitäres Forschungszentrum für Technik, Arbeit und Kultur: Graz 2009, S. 15.

7   Greiff, Rainer: Soziale Indikatoren des nachhaltigen Bauens. Institut Wohnen und Umwelt: Darmstadt 2012, S. 26.

8   A.a.O., S. 36.

Resümierend kann festgehalten werden: Grundlegendes Ziel der Nachhaltigkeit, bezogen auf Immobilien, ist die Errichtung von umweltfreundlichen und gesundheitsorientierten Bauten mit einem sparsamen Einsatz finanzieller Ressourcen.[9]

Niveau sozialer Nachhaltigkeit im Immobiliensektor

Im Folgenden werden die zentralen Ergebnisse der Untersuchungen zusammengefasst und die Frage wird beantwortet, inwiefern soziale Nachhaltigkeitskriterien innerhalb des Immobiliensektors Anwendung finden. Im Forschungsfokus stehen dabei ausschließlich Architekten, die an der Planung von gewerblich sowie öffentlich und sozial genutzten Immobilien beteiligt sind. Gerade bei diesen Immobilientypen spielen Architekten eine wichtige Rolle, weil die zukünftigen Nutzer der Gebäude aus dem konventionellen Planungsprozess der Gebäudetypen in der Regel ausgeschlossen sind. Demzufolge haben Architekten unter Einbeziehung technischer, aber auch sozialer Expertise jeweils gegenwärtige Gegebenheiten einzuschätzen und zukünftige Entwicklungen und Ansprüche der Nutzer zu antizipieren.

Um die hier im Fokus stehenden Fragen zu beantworten, wurden ausschließlich Architekten als Akteure des Immobiliensektors befragt, die bei der Planung und Umsetzung öffentlich und sozial genutzter Immobilien wie auch gewerblich genutzter Immobilien beteiligt waren. Dies wurde nicht nur anhand einzelner qualitativer Interviews durchgeführt, sondern auf Grundlage einer theoriegeleiteten quantitativen und eigens vorgenommenen Datenerhebung. Nur so war es möglich, ein möglichst aufschlussreiches Bild von der Lage des nachhaltigen Bauens zu erhalten. Dabei kam eine groß angelegte schriftliche Online-Befragung zum Einsatz. Die hier untersuchte Stichprobe umfasst 1.292 Fälle.

Neben der Umfrage wird mithilfe einer Frequenzanalyse die Regelungsdichte der drei Nachhaltigkeitsdimensionen untersucht. Es gilt dabei, mittels einer quantifizierenden Analyse die Regelungsdichte der ökologischen, ökonomischen und sozialen Nachhaltigkeit gegenüberzustellen, indem die einzelnen formellen

---

9 Vgl. Gertis, Karl/Hauser, Gerd/Sedlbauer, Klaus/Sobek, Werner: Was bedeutet „Platin"? – Zur Entwicklung von Nachhaltigkeitsbewertungsverfahren. In: Rottke, Nico (Hrsg.): Ökonomie vs. Ökologie. Nachhaltigkeit in der Immobilienwirtschaft? Immobilien-Manager-Verlag: Köln 2012, S. 182.

Institutionen nach der Häufigkeit ihres Vorkommens ausgewertet werden. Dadurch kann das formelle Adaptionsniveau der einzelnen Nachhaltigkeitskomponenten verglichen werden. Die inhaltliche Bedeutung und Ausgestaltung der formellen Institutionen wird nicht weiter untersucht.

Die Auswertung der Umfrage zeigt, dass dem Thema „Nachhaltiges Bauen" generell eine sehr hohe Relevanz innerhalb des deutschen Immobiliensektors zukommt. Laut Aussage der befragten Architekten nimmt das Thema Nachhaltiges Bauen in ihrem Berufsalltag einen hohen Stellenwert ein. Somit kann auf Grundlage der erhobenen empirischen Daten festgehalten werden, dass Nachhaltiges Bauen definitiv kein Randphänomen innerhalb des Immobiliensektors darstellt, sondern breite Anwendung findet.

Die Frequenzanalyse zeigt, dass sich bezüglich der ökologischen Nachhaltigkeitsdimension mehr Rechtsnormen finden. Rechtliche Normen, die ökonomische oder soziale Nachhaltigkeitsaspekte betreffen, finden sich hingegen weniger. Somit ist davon auszugehen, dass die ökologische Nachhaltigkeitsdimension in die Alltagsroutinen der Architekten stärker integriert ist. Diese These konnte durch die Auswertung der Umfrageergebnisse bezüglich der von den befragten Architekten wahrgenommenen Berücksichtigung bestätigt werden.

Die ökonomische Nachhaltigkeitsdimension weist aus Sicht der Architekten ein ähnlich hohes Adaptionsniveau wie die ökologische Dimension auf, obwohl weitaus weniger rechtliche und technische Normen identifiziert werden konnten. Diesbezüglich liegt es nahe, dass informelle ökonomische Strukturprinzipien den Immobiliensektor strukturieren und damit das hohe wahrgenommene Adaptionsniveau der ökonomischen Nachhaltigkeitsdimension mitbestimmen. Es kann vermutet werden, dass die strukturelle Passung der ökonomischen Nachhaltigkeit gegenüber der Funktionslogik des Wirtschaftssystems das Adaptionsniveau mitbestimmt.

Hinsichtlich der hier untersuchten Bau- und Rechtsnormen in der Nutzungsphase einer Immobilie konnte nur eine geringe Anzahl an Rechtsnormen identifiziert werden, die die soziale Nachhaltigkeitsdimension betreffen.

Neben rechtlichen Normen finden sich technische Normen, die bestimmte Bauweisen vorgeben. Die technischen Normen werden von Normungsorganisationen wie zum Beispiel dem Deutschen Institut für Normung (DIN) erlassen. Anders als ein Verstoß gegen eine stark formell institutionalisierte Rechtsnorm wird die Nichteinhaltung eines technisch festgelegten Standards wie einer DIN- oder ISO- oder VDI-Vorschrift nicht direkt sanktioniert. Dennoch strukturieren die technischen Normen den Immobiliensektor durch die Formulierung von konkreten Anforderungen und Zielvorgaben.

Obwohl die meisten der hier untersuchten technischen Normen soziale Nachhaltigkeitsaspekte thematisieren, findet die soziale Nachhaltigkeitsdimension aus Sicht der befragten Architekten innerhalb des Immobiliensektors im Bereich der öffentlich und sozial sowie gewerblich genutzten Gebäude bislang kaum Berücksichtigung. Es liegt daher nahe, dass die technischen Standards nur eine geringe strukturierende Wirkung auf die Praktiken der Architekten haben. Das Adaptionsniveau der sozialen Nachhaltigkeit fällt, abgesehen von den technischen Normen, eher gering aus. Dieser Befund lässt bereits darauf schließen, dass die soziale Nachhaltigkeitsdimension gegenüber der ökologischen und ökonomischen Dimension weniger häufig berücksichtigt wird, speziell unter Aspekten der Gesundheitsprävention ein kritischer Befund.

Im Weiteren wurden die Architekten nach den drei wichtigsten Vorteilen von nachhaltigen Immobilien befragt. Bei der Betrachtung der Verteilung bezüglich der wichtigsten drei Vorteile nachhaltiger Immobilien gegenüber nicht nachhaltigen Immobilien nennen die Architekten in erster Linie ökologische Aspekte. Im Weiteren werden ökonomische Vorzüge nachhaltiger Immobilien als wichtig erachtet. Soziale Nachhaltigkeitsaspekte spielen eine untergeordnete Rolle. Dies ist ein Hinweis darauf, dass die ökologische und ferner die ökonomische Nachhaltigkeitsdimension von den hier befragten Architekten proaktiv adaptiert werden, weil diesen Komponenten ein größerer Vorteil zugeschrieben wird. Der wahrgenommene Nutzen einer normativen Idee erhöht die Wahrscheinlichkeit der Anwendung und beeinflusst dadurch maßgeblich die Adaptionsfähigkeit eines Sektors. Die mangelnden positiven Erwartungen der befragten Kernakteure gegenüber sozialer Nachhaltigkeit können eine Adaption dieser Nachhaltigkeitsdimension erschweren. Denn in Anbetracht der teilweise konflikthaften Beziehung der einzelnen Dimensionen ist es möglich, dass die bereits vorhandenen ökologischen und ökonomischen Nachhaltigkeitsstrukturen eine zusätzliche Adaption der sozialen Nachhaltigkeit erschweren, was auch Gesundheitsaspekte bei der Gebäudeplanung betrifft.

Steigerungspotenzial sozialer Nachhaltigkeit im Immobiliensektor

Anhand einer Frage nach den Gründen, die die Umsetzung sozialer Nachhaltigkeit begünstigen oder verhindern, lassen sich strukturelle Faktoren als potenzielle Ursache erkennen.

Es ist möglich, auf dieser Grundlage Empfehlungen zu formulieren, wie das Adaptionsniveau der sozialen Nachhaltigkeitsdimension und somit auch der gesundheitliche Schutz der Nutzer erhöht werden kann. Die Ergebnisse der Umfragen zeigen, dass sich viele der befragten Architekten von den Bauherren abhängig fühlen. So wurde als häufigster Grund sowohl für die erfolgreiche als auch für eine mangelnde Umsetzung sozialer Nachhaltigkeit die Position der Bauherren angeführt. Weisen die Bauherren der sozialen Nachhaltigkeit eine höhere Relevanz zu, ermöglicht dies aus Sicht der Befragten die Implementierung sozialer Nachhaltigkeitsaspekte. Dies ist ein Indiz dafür, dass die Handlungsmacht der Architekten als operierende Akteure innerhalb des Immobiliensektors nicht überschätzt werden darf. Zwar haben Architekten eine zentrale Stellung, dennoch besitzen sie nicht die alleinige Entscheidungsgewalt über die konkrete Gestaltung bestimmter Bauvorhaben.

Durch eine zusätzliche Frage, die sich auf die Wichtigkeit bestimmter Akteure und politischer Steuerungsinstrumente bezieht, können die davor generierten Ergebnisse tiefergehend analysiert und geprüft werden. Der finanziellen Förderung, gesetzlichen Vorgaben und den Einstellungen der Bauherren sowie der Investoren wurde eine große Bedeutung für die Etablierung sozialer Nachhaltigkeit zugesprochen. Auch politische Steuerungsinstrumente werden von den Befragten als bedeutsam für die Förderung sozialer Nachhaltigkeit eingestuft.

In Anbetracht der Ergebnisse bezüglich der Anwendungshäufigkeit der hier untersuchten Regeln in Form von Rechts- und Baunormen kann festgehalten werden, dass die stark institutionalisierten Rechtsnormen für die Handlungsroutinen der befragten Architekten eine größere Rolle spielen als technische Standards. Diese stark formellen Normen scheinen den Berufsalltag der Architekten zu beeinflussen. Die als eher stark institutionalisiert definierten technischen Normen werden von den Architekten im Vergleich dazu nur gelegentlich angewendet und haben entsprechend eine eher schwache Wirkung auf die Handlungsroutinen. Dies könnte ein potenzieller Erklärungsfaktor für das geringe Adaptionsniveau der sozialen Nachhaltigkeitsdimension trotz der hohen Regelungsdichte der technischen Normen in diesem Bereich sein. Dies legt nahe, dass die untersuchten technischen Normen kaum Einfluss auf die sozialen Praktiken der Architekten haben.

Dieser Teilbefund darf jedoch nicht überinterpretiert werden, und der Schluss, dass Baunormen den Immobiliensektor kaum strukturieren, wäre nicht haltbar. Denn die im Beitrag untersuchten technischen Normen beziehen sich ausschließlich auf die Nutzungsphase einer Immobilie, während Architekten primär mit konstruierenden Aufgaben betraut und somit maßgeblich an der Planungs- und Realisierungsphase einer Immobilie beteiligt sind. Zwar müssen die technischen Standards für die Nutzungsphase einer Immobilie während der Planung antizipierend im Entwurf berücksichtigt werden, doch aufgrund der Vielzahl an Baunormen können die ausgewählten technischen Regeln der Baukunst eine untergeordnete Rolle spielen. Zudem werden technische Baunormen bei größeren Bauvorhaben, wie es in der Regel öffentlich und sozial wie auch gewerblich genutzte Immobilien sind, auch von Fachingenieuren angewandt. So haben die Architekten zwar die Aufgabe der Koordination der Bauprojekte, doch für die Einhaltung und Kenntnis der Normen können auch einzelne Fachingenieure zuständig sein.

Abschließend wird die Frage, wie das Adaptionsniveau der sozialen Nachhaltigkeitsdimension innerhalb des Immobiliensektors gesteigert werden kann, auf Basis der diskutierten empirischen Ergebnisse beantwortet.

Fiskalischen Anreizen sowie Vorgaben von Seiten des Staates kommt auch aus ordnungspolitischer Perspektive eine zentrale Stellung zu. Dies trifft insbesondere zu, wenn selbstregulierende Marktmechanismen fehlen, die eine proaktive Adaption von Leitbildern oder normativen Ideen, wie die Einhaltung sozial nachhaltiger Standards, fördern.

Analog hierzu haben für die befragten Architekten sowohl finanzielle Subventionen als auch Rechtsnormen eine hohe Relevanz bei der Förderung sozialer Nachhaltigkeit. Somit kommt strukturbildenden politischen Maßnahmen eine hohe Bedeutung zu. Daraus lässt sich folgern, dass durch eine direkte finanzielle Förderung oder durch gesetzliche Vorgaben das Adaptionsniveau der sozialen Nachhaltigkeitsdimension und damit auch das Niveau der Gesundheitsprävention erhöht werden kann.

Für die weitere Einordnung der hier dargestellten Ergebnisse bezüglich der hohen Relevanz der Investoren und Bauherren lohnt es sich, auf den „Teufelskreis der Immobilien" einzugehen. Kernaussage des Teufelskreises ist die Abgabe von Verantwortung für die Umsetzung von nachhaltigen Maßnahmen an andere Akteure des Immobiliensektors. Das Modell stellt in pointierter Weise die Sichtweise der involvierten Akteure des Immobiliensektors dar und stützt sich auf die marktinhärente Angebots- und Nachfragesituation.[10] Dabei wird zwischen vier zentralen Akteuren des Immobiliensektors unterschieden: Nutzern, Architekten, Bauträgern und Investoren. Nutzer hätten gerne sozial nachhaltige Gebäude, diese seien aber nicht verfügbar. Die Architekten vertreten wiederum die Position, dass sie sozial nachhaltige Gebäude bauen könnten, aber es fehle die Nachfrage von Seiten der Bauträger. Die Bauträger meinen hingegen, sie würden gerne nach sozial nachhaltigen Gebäuden nachfragen, aber die Investoren wären nicht bereit, dafür zu zahlen. Investoren wiederum verlautbaren, sie würden gerne sozial nachhaltige Immobilienprojekte finanzieren, doch es fehle die Nachfrage von Seiten der Nutzer.

Da circa 90 Prozent des Kapitalvolumens innerhalb des europäischen Immobilienmarkts in der Hand professioneller Investmentfirmen liegen, sind gerade diese Akteure für die erfolgreiche Umsetzung ganzheitlich nachhaltiger und damit auch „gesunder" Gebäude von ausschlaggebender Bedeutung.[11]

Die Analyse der Daten zeigt, dass sich aus Sicht der befragten Architekten empirische Evidenz für den Teufelskreis der Immobilien finden lässt. Da aber Praktiken grundsätzlich verändert werden können, ist es möglich, den Teufelskreis zu durchbrechen. Eine erfolgreiche Implementierung der sozialen Nachhaltigkeit erfordert zum einen Verständnis für die Ansichten der anderen am Bau einer Immobilie beteiligten Akteure, zum anderen einen transparenten Umgang mit den Zielkonflikten der einzelnen Nachhaltigkeitsdimensionen.[12] Das Ideal des gegenseitigen Verständnisses und der Transparenz kann nur durch eine intakte Kommunikationskultur und einen intensiven Austausch der beteiligten Akteure erreicht werden. So muss versucht werden, die Dialogfrequenz zwischen

---

10 Vgl. Busse, Daniela: Nachhaltigkeitsaspekte in Theorie und Praxis der Entscheidungsfindung. Perspektiven institutioneller Steuerung in der Immobilienwirtschaft. Springer Gabler: Wiesbaden 2012, S. 25.

11 Vgl. Gromer, Christian: Die Bewertung von nachhaltigen Immobilien. Ein kapitalmarkttheoretischer Ansatz basierend auf dem Realoptionsgedanken. Springer Gabler: Wiesbaden 2012, S. 76 ff.

12 Meins, Erika/Burkhard, Hans-Peter: Nachhaltigkeit und Risiken bei Immobilieninvestitionen. Konzepte und Entscheidungsgrundlagen für die Praxis. NZZ Libro: Zürich 2014, S. 37.

den Akteuren zu erhöhen und die Qualität der Kommunikation zu verbessern, um dadurch optimierte, für den Gebäudenutzer passende Lösungen zu generieren.

Unter Berücksichtigung neuer gesundheitlicher Anforderungen scheint es zudem sinnvoll, Gesundheitsexperten zurate zu ziehen, um Belüftungskonzepte und Luftfilteranlagen wirkungsoptimal einzurichten.

Wenn sozial nachhaltige und damit verbundene gesundheitliche Aspekte weiter vernachlässigt werden, steigt das Risiko, dass bei weiteren pandemischen Krankheitswellen Büros, Schulen und andere wichtige Immobilien des tagtäglichen Zusammenlebens von einem Lockdown zum nächsten weitergereicht werden. Die künftige immobile Wirklichkeit unserer urbanen Welt und die für deren Gestaltung Verantwortlichen müssen sich deswegen auf eine Fortschreibung pandemischer Gefährdungen einstellen. Mit einer stärkeren Berücksichtigung sozialer Nachhaltigkeit kann dieses Risiko minimiert werden. Dieser Befund wird gestützt durch den aktuell erschienenen Global Risks Report 2021 des World Economic Forum,[13] der den vielfältigen Aspekten sozialer Nachhaltigkeit umfänglich Rechnung trägt.

---

13 Global Risks Report, 16. Ausgabe 2021.

Martin C. Wolff

Städte als Prozessoren

(Was für eine Gelegenheit, während einer Pandemie, die durch die Digitalisierung erträglich gemacht wird, etwas über das Verhältnis von Immobilien und Digitalisierung zu schreiben!)

Immobilien bleiben. Sie sind in Stein, Beton und Stahl materialisierte Ideen. Sie speichern die Ideen der Epoche ihrer Erbauung, von den Pyramiden bis zum Wolkenkratzer. Sie bewegen sich nicht, und steinreich war man, konnte man sich den feuerfesten Stein leisten. Eine Tradition bis zur modernen Zooarchitektur mit ihrer hygienischen „Schade, dass Beton nicht brennt"-Architektur. Immobilien speichern aber auch jede noch so verquere Vorstellung für die vorläufige Ewigkeit, wie man sie an den grotesken Stilblüten des Berliner Alexanderplatzes studieren kann.

Digitalisierung hingegen erscheint als das genaue Gegenteil. Ihr Wesenskern ist die Entstofflichung und Flüchtigkeit, von Ewigkeit keine Spur. Sie ist ebenso fluide wie ihre Anwender und setzt ein phänomenales Maß an zivilisatorischer Abstraktion voraus, wie wir sie sonst nur in der Mathematik, der Finanzbuchhaltung oder dem Kapital finden.

Das Maß der Urbanisierung als Verdichtung von Immobilien schlechthin ist der Verbrauch an Zement, das Maß der Digitalisierung hingegen der Stromverbrauch. Immobilien sind genauso stofflich wie die Menschen, für die sie da sind. Digitalisierung hingegen ist genauso mobil wie die sozialen und geistigen Dynamiken in diesen Immobilien und Menschen. Eben dieses Verhältnis von Mobilität und Immobilität ist die gesamte Pointe. Auf den Punkt gebracht lautet der Unterschied zwischen Immobilien und Digitalisierung: Feststehend immer, stillstehend nimmer.

Zum Verhältnis von Technik und Kultur:
Die Kultur fragt, die Technik antwortet
Bevor wir uns der Wechselwirkung von Immobilien und Digitalisierung eingehend widmen können, müssen einige Missverständnisse ausgeräumt werden.

Es gibt den nach wie vor weit verbreiteten Glauben, dass die Digitalisierung nur ein vorübergehendes Phänomen sei und das Internet bald wieder vorbeigehen wird. Sollten Sie das glauben, könnten Sie enttäuscht werden. Die Digitalisierung ist ein Prozess, der inzwischen 300–500 Jahre anhält und in den letzten 100 Jahren eine technische Zuspitzung erfuhr, nutzbar gemacht in einschlägigen Kommunikationstechnologien.[1] Wir erleben seitdem eine Beschleunigung, durchbrochen von zwei Weltkriegen und totalitären gesellschaftlichen Versuchen, mit diesen Veränderungen Schritt zu halten. Lässt man sich aber auf das Wesen der Digitalisierung grundlegend ein, dann ist das Phänomen älter – wir gehen später darauf ein. Es gibt sogar gute Gründe, anzunehmen, dass die Digitalisierung und die Urbanisierung Antworten auf dieselbe Frage sind.

Um das zu verstehen, hilft ein Blick auf die Evolution von Hochhäusern, ein oder sogar *das* Sinnbild für moderne Technik. Die beliebte und gängige Erklärung lautet, dass Hochhäuser erst durch Innovationen der Technik möglich wurden und Ausdruck des Selbstbewusstseins der Ingenieure sind, die ihre Leistungsfähigkeit dadurch verewigen wollten. Insbesondere führt man dabei die Innovationen der Technik für Aufzugsanlagen an und die Innovationen im Stahl- und Skelettbau. Wir sehen hier ein häufiges und beliebtes Missverständnis bei der Arbeit: Erst die technologische Innovation induziert die gesellschaftliche Innovation. Die alte Formel für diesen Fehler lautet: *cum hoc, ergo propter hoc*, die Vermengung von Ursache und Wirkung. Nur weil etwas gemeinsam auftritt, schließt man auf Ursache und Wirkung, oder: Der Storch bringt im Frühling die Babys. Die eigentlichen Ursachen bleiben verborgen, und schlimmer noch, sie werden gar nicht mehr erforscht, hat man doch bereits eine einfachere Erklärung vorliegen. Tatsächlich ist diese Erklärung bestenfalls unvollständig, wahrscheinlicher noch schlichtweg falsch.

Einerseits wird schon seit Langem in die Höhe gebaut: Bereits Monumentalbauten wie die Pyramiden und Zikkurats oder Wohnimmobilien wie Insulae und Geschlechtertürme zeigten Bestrebungen, in die Höhe zu bauen, nicht zuletzt aus Gründen eines kostspieligen Baugrunds. Andererseits lebt der Bergbau schon immer entscheidend von der Aufzugtechnik, und mehrere Hundert Meter tiefe

---

1 Nassehi, Armin: Muster. Theorie der digitalen Gesellschaft. München 2019.

Schächte ließen sich nicht ohne technisch fortgeschrittene Aufzüge bewältigen. Dabei müssen technologische Voraussetzungen gemeistert werden. Jedoch setzt die Ausprägung technologischer Voraussetzungen ein akutes Bedürfnis voraus. Ganz konkret muss irgendjemand die Ingenieure auffordern, eine Technik für dieses oder für jenes zu entwickeln. Zuerst stellt die Kultur eine Frage, auf die die Technik (dann) antwortet. Erst der Bedarf, dann die technologische Entwicklung – die ihrerseits neue Bedürfnisse weckt. Zu jeder Zeit gab es technische Möglichkeiten, ohne dass sie in konkrete Entwicklungen mündeten. Es fehlte der Bedarf, es über die bloße Möglichkeit hinaus auch zu verwirklichen – und entsprechend auch zu investieren. Die unsichtbare, aber entscheidende Veränderung war eine gesellschaftliche und kulturelle – nicht umsonst finden sich die ersten Wolkenkratzer in den damals besonders jungen Vereinigten Staaten von Amerika.

Innerhalb einer Bodenverknappung durch flächige Speicher- und Warenstädte entsprachen die neuen Möglichkeiten einer vertikalen Bauweise einer fundamentalen kulturellen Veränderung: der Umstellung vom Waren- auf den Datenverkehr. Das Rap-Musical *Hamilton* diskutiert im ersten Kabinett George Washingtons diesen einschneidenden Wandel explizit als Grund- und Zukunftsfrage der amerikanischen Hegemonie. Thomas Jefferson argumentiert für die ehrliche Landwirtschaft, indem er gegen die Finanzwirtschaft polemisiert:

„In Virginia, we plant seeds in the ground
We create, you just wanna move our money around
This financial plan is an outrageous demand
And it's too many damn pages for any man to understand.“[2]

Die Antwort Hamiltons ist ebenso klar wie für Jefferson unbegreiflich:

„If we assume the debts, the union gets new line of credit, a financial diuretic
How do you not get it, if we're aggressive and competitive
The union gets a boost, you'd rather give it a sedative?“

Die eine Seite argumentiert mit echten, weil stofflichen Gütern. Ihr steht die Macht von abstrakten Werten gegenüber, ermöglicht durch moderne Kapital-, Schuld- und Bankstrukturen, die in erster Linie abstrakt und entstofflicht sind.

---

2 Miranda, Lin-Manuel: Hamilton, 1. Cabinet Battle #1. Disney 2020.

Die Architektur der flächigen Stadt entspricht dem stofflichen Warenverkehr, eine andere Verteilungs-, Organisations- und Lagerstruktur ist für sie einfach nicht sinnvoll. Zusätzlich verfügten die jungen USA über reichlich Platz in alle Richtungen, was den Wohnungsbau in der Fläche entlastete. Der einzige Anlass für hohe Bauten waren Prestigebauten als Attraktion oder Repräsentation wie Theater, Hotels, Tempel oder Paläste. Den vorhandenen technischen und ökonomischen Fähigkeiten in die Höhe fehlte schlichtweg der konkrete Anlass und Bedarf, ausgeschöpft zu werden.

Nun ist die flächige Struktur von Waren- und Speicherstädten für die Organisation einer Datenwirtschaft unpraktisch: Hier gilt es, kurze Dienstwege zwischen Menschen herzustellen, anstatt Tausende von Gütern herzustellen, zu lagern und zu verladen. Die effektivste Möglichkeit, möglichst Tausende von Menschen zur Zusammenarbeit zu organisieren, ist eine vertikale Struktur. So verwundert nicht, dass der erste moderne Wolkenkratzer als Bürogebäude einer Versicherung in Auftrag gegeben wurde.

Da die Hochhäuser so präzise den Bedarf dieser neuen Wirtschaftsform erfüllten, stellten sich immer neue Fragen und Anforderungen an die technische Machbarkeit – und die Technik lieferte zuverlässig Brandschutz, Erdbebensicherheit, Aufzugtechnologien, Klimaanlagen bis hin zur ökologischen Verschmelzung im Idealtypus der Arkologie. Sie alle antworten auf den kulturell-zivilisatorischen Bedarf, möglichst viele Menschen zu Arbeitszwecken möglichst nah zueinander zu bringen. Die Bürohochhäuser der modernen Citys und Downtowns spiegeln den tiefgreifenden gesellschaftlichen Wandel vom Horizontal- zum Vertikalverkehr wider: „Die Vertikale ist die Dimension des Transits von Akten und Referenten, von Entscheidungen und Managern, von Operationen und Stäben geworden."[3]

Es ist doch bemerkenswert: Wir assoziieren die Digitalisierung mit Google, Smartphones und WhatsApp, mit Computern und Daten. Kaum jedoch mit der städtischen Architektur, den Mobilitäts- und Arbeitsprozessen und der Urbanisierung. Vor einer datengetriebenen Gesellschaft wohnten und arbeiteten die

---

3 Blumenberg, Hans: Methodologische Probleme einer Geistesgeschichte der Technik. Vortrag auf der 27. Versammlung deutscher Historiker in Freiburg im Oktober 1967. Nachlass DLA Marbach.

Menschen am selben Ort, an dem die Waren hergestellt, verladen oder umgeschlagen wurden: an Kreuzungen und Flussmündungen, Knotenpunkten und Bergpässen, bei den Produktionsstätten wie Wäldern, Weiden oder Bergwerken. In einer datengetriebenen Gesellschaft hingegen findet eine räumliche Trennung statt: Der horizontale Güterverkehr wird aus den Metropolen hinausgedrängt, die Verwaltung der Fabriken und Handelsplätze ist ihrerseits als neue Hochhäuser und Firmensitze in den Stadtzentren abstrakt repräsentiert.[4] All das heißt aber auch, dass die Digitalisierung mindestens ebenso alt ist wie die ersten modernen Hochhäuser.

Digitalisierung ist die Antwort. Aber was war die Frage?

Ob Pyramiden, Autobahnen oder Hochhäuser gebaut werden, ist keine technische, sondern eine kulturelle Frage. Erst diese Frage aufgrund des gesellschaftlich-kulturellen Bedarfs mobilisiert und investiert die notwendigen Ressourcen. Die Kultur fragt, die Technik antwortet. Immobilien sind dann die in Stein, Stahl und Beton realisierten Antworten auf alle möglichen Fragen in der Geschichte. Eine gute Antwort aber löst die Frage auf und löscht sie aus dem Gedächtnis wie aus der Geschichte.

Bürohochhäuser und die Digitalisierung sind zwei Antworten auf die jeweils selbe Frage: Wie lassen sich Daten und Informationen effektiv verwalten? Es ist einfacher, Informationen zu bewegen als Menschen. Auf diese kulturelle Frage antworteten Architektur und Städteplanung mit Hochhäusern: Wenn schon Menschen bewegt werden müssen, dann doch so wenig wie möglich. Ein Markenzeichen der Digitalisierung, die Verkürzung von Wegen, findet in der Urbanisierung und den modernen Büro- und Verwaltungsgebäuden ihren Ausdruck. Bankhäuser sind das Sinnbild dieses Wandels: Einst nach dem Vorbild von Tempeln erbaut, drücken gerade die Türme der Banken den Primat der kurzen Wege aus. Wie die Versicherungen auch verwalten sie durch und durch abstrakte und entstofflichte Werte: Vertrauen und Kapital. Bis heute spüren wir in vielen Diskussionen die Nachwirkungen des Kulturkampfes zwischen Jefferson und Hamilton, mündend

---

4   Ebd.: „Der Umschlag vom Horizontal- zum Vertikalverkehr in der modernen bürokratischen City entspricht dem Vorrang des Informations- und Datenverkehrs vor dem Lasten- und Warenverkehr, der diese Zentren nicht mehr erreicht, sondern in ihnen nur noch abstrakt repräsentiert ist."

in der Frage, was realer ist: die stoffliche Wirtschaft und ihr Pendant, das stoffliche Bargeld, oder das abstrakte Kapital, Daten und Informationen. Eindeutig ist die Digitalisierung Ausdruck von Letzterem.

Die Digitalisierung antwortet auf die Frage: Wie lässt sich eine unübersichtliche gesellschaftliche Komplexität verwalten? Die Kultur stellt die Frage, die Technik antwortet. Zentrale Verwaltungen wurden leistungsfähiger als dezentrale, insofern sie genügend mit den richtigen Daten versorgt wurden. Da es einfacher ist, Daten zu bewegen als Menschen, wurde die Technik intensiv zur Verbesserung des Datentransports befragt. Die Anfänge dieser Entwicklung fallen mit der Ausprägung der Nationalstaaten und ihren dominanten Zentralregierungen zusammen, der Datentransport wurde zur kritischen Fähigkeit und Infrastruktur. Post- und Verkehrswesen, Straßen und Schienen sowie ein gemeinsames und einheitliches Münzwesen antworteten auf diesen Bedarf. Die Erhebung und Pflege von Daten gewann stetig an Bedeutung. Wo das nicht möglich war, wurden die Voraussetzungen dafür geschaffen, beispielsweise, indem an jedem Bahnhof – einst alles wunderschöne Immobilien – Uhren zur Messung der Zeit für die Ankunft und Abfahrt der Züge aufgestellt wurden und *en passant*, unabhängig von dem regional jeweils verschiedenen Sonnenstand, die überregionale, einheitliche Zeit und Zeitmessung etabliert wurde. Anstelle des lokalen Sonnenaufgangs wurde der Arbeitsbeginn als Uhrzeit angegeben. Daten stehen im Mittelpunkt, Ausdrucksmittel eines modernen Staates: Geburtsdaten, Bevölkerungszählungen, Daten über Güter, Verkehr und so weiter. Voraussetzung und Folge zugleich war die Entwicklung von Standards, um innerhalb eines homogenen Datensets eine Vergleichbarkeit zu ermöglichen – und Aussagen aus den Daten abzuleiten. Mit anderen Worten, wir sammeln Daten, um Muster zu erkennen. Besonders gut gelingt das durch Visualisierungen, ist das menschliche Gehirn doch die beste bekannte Mustererkennung, und mit den Worten des Hackers David Kriesel[5]: „Es gibt ja bekanntlich nur eine Breitbandverbindung ins Gehirn: die Augen." Je besser die Daten und je besser die Datenaufbereitung, desto besser auch die Mustererkennung.

5   http://dkriesel.com; Kriesel wurde 2014 durch den Nachweis berühmt, dass die global am meisten verbreiteten Scankopierer beim Scanvorgang Zahlen und Buchstaben acht Jahre lang verfälschten und alle eingescannten Dokumente auf diese Weise irreversibel kompromittierten: „Traue keinem Scan, den du nicht selbst gefälscht hast", Chaos Communication Congress 2015.

Die Digitalisierung folgt den Prinzipien der Entstofflichung, der Abstraktion und des Potenzials. Es sind sehr grundlegende Prinzipien zivilisatorischen Fortschritts. Sei es die Erfindung der doppelten Buchhaltung, um die stofflichen Güter in Tabellen als abstrakte Werte für eine Bilanz widerzuspiegeln; sei es Kapital als die abstraktere Form des Vermögens, um die bis dato unvorstellbaren Investitionen in berechenbar gewinnträchtige Fabriken und industrielle Anlagen zu erlauben. Die Buchhaltung benötigt Verwaltungsfabriken und Rechenwerkzeuge; die Berechnung zukünftiger Investitionen braucht Rechenmaschinen und Rechentheorien gleichermaßen sowie den Transport und die Vermittlung der Informationen durch jeweils neue Anforderungen an die Kommunikationsmöglichkeiten. Mit diesem Hintergrund ist es tatsächlich keine Überraschung, dass die ersten Hochhäuser von Versicherungen gebaut wurden.

Die Verbindung zur stofflichen Welt sind immer wieder Daten als Abbildungen und Zusammenstellung jeweils konkreter Messungen. Doch ihre eigentliche Wirkung entfaltet sich erst aufgrund ihrer abstrakten Form: reine Möglichkeit, reine *potentia*, reine Machbarkeit, die angesammelt und durch konkrete Ideen realisiert, also *ver-wirklicht* wird. Jedoch müssen die Daten nicht nur gesammelt, sondern organisiert, verarbeitet und berechnet werden, was mit Englisch *to process* so treffend den Prozessor des Computers und dessen Kerneinheit, die CPU als *central processing unit,* beschreibt. Der Wettstreit solcher Abstraktionsprinzipien in mehreren Kriegen als technologische und kryptografische Konkurrenz tat ein Übriges zur Beschleunigung. Tatsächlich neu an der digitalen Entwicklung ist die nunmehr spürbare Geschwindigkeit. Das ist viel mehr als nur eine psychologische oder abstrakte Kategorie: eine ganz konkret stofflich messbare. Brauchte es einst Jahrzehnte für breitenflächige Innovationen, werden sie inzwischen in Form von Smartphones, Social Media oder Machine Learning innerhalb von wenigen Jahren vollständig umgesetzt. Die Veränderungen in der stofflichen Welt in Form von technischer Infrastruktur und smarten Geräten sind sicht- und spürbar. Eine Pandemie wie die Covid-19-Plage wäre ohne die bereits weit verbreiteten digitalen Derivate fürchterlich viel mehr als bloß anstrengend. Tatsächlich aber setzte sich der Betrieb von Unternehmen und Universitäten mühelos fort, weil die Menschen allesamt miteinander über Smartphones und Computer das Potenzial längst privat realisiert hatten, wo Behörden und Schulen noch über den ethischen oder gesellschaftlichen Konsens sinnieren.

Neue technische Antworten erzeugen neue Fragen

Wir digitalisieren aus demselben Grund, aus dem wir Hochhäuser bauen: um Menschen bestmöglich miteinander zu vernetzen und abstrakte Verwaltungen zu organisieren. Jedoch übersteigt die stetige Beschleunigung der Innovationen inzwischen die Geschwindigkeit, mit der neue Immobilien geplant und realisiert werden. Dasselbe gilt natürlich auch für die Stadtplanung, die bisher von vermeintlich nur digitalen Effekten profitierte: Netzwerkeffekte, Verkürzung von Wegen, Verschmelzung von Milieus. Durch diese Verschmelzung, Verkürzung und Vernetzung entwickelte sich die gesamte urbane Gesellschaft zu einem riesigen Aggregat, welches fortlaufend angesammeltes Potenzial zu immer neuen Innovationen kondensiert. Aus den technologischen Innovationen werden nunmehr fortlaufend auch gesellschaftliche Innovationen abgeleitet. Der besondere Katalysator sind Start-ups. Wie durch ein Nadelöhr kondensieren sie all das aggregierte Potenzial in Form von Kapital, technischer Infrastruktur und Innovationsfreudigkeit in jeweils neue technische und kommunikative Möglichkeiten.

Und wir sind weiterhin mittendrin: Hochhäuser werden gebaut, Informations- und Kommunikationstechnologien weiterentwickelt und optimiert. Die Digitalisierung durchdringt seit wirklich langer Zeit alle Facetten unserer Gesellschaft, so sehr, dass sie inzwischen überraschende neue Möglichkeiten offenbart. Die wesentlichste Grundformel dazu lautet abermals, dass es einfacher ist, Informationen als Menschen zu bewegen, was auch das gesamte Erfolgsrezept der Social Media zusammenfasst. Dabei besteht ein grundlegendes Missverständnis – insbesondere von klassischen Medien forciert: Die Aufgabe der Social Media war es nie, Neuigkeiten oder objektive Inhalte zu produzieren oder zu transportieren. Auf diese Weise konnten Gruppen organisiert werden, die jeweils einer Sache zustimmen – die vielen dezentralen Stammkneipen und Stammtische wurden mit einem Mal verschmolzen.

Der nächste Schritt lag nahe und sollte niemanden überraschen: So, wie man die Stammtische digital zusammenführen kann, lassen sich natürlich auch Büros virtuell verschmelzen. Sollten Hochhäuser Menschen möglichst effizient organisieren, stellt das Home Office alles in den Schatten. Die Voraussetzung ist die Ausstattung der Menschen und ihrer Wohnungen mit der technischen Infrastruktur. Doch spätestens seit der Covid-19-Pandemie ist das bestenfalls eine Frage der Zeit. Der nächste Schritt der Entstofflichung folgt, und der virtuelle ergänzt den realen Raum. Natürlich verschwinden Büros nicht gänzlich, doch sie erfahren einen Bedeutungswandel: weg vom Raum als Erzieher und der logistischen Aufgabe, die jeweils anderen Büros disziplinarisch einzusetzen, hin zur sozialen Kohäsion, um gemeinsam unverzweckt Zeit zu verbringen, miteinander zu plaudern und Unerwartetes zu ermöglichen. Effizienzgetriebene Videomeetings haben eine Filterwirkung, mit der alles Ungeplante entfällt und entsprechend die Interaktion reduziert ist.[6] Informelles, indem man durch die Büros tingelt, entfällt ebenso wie die unerwartete Begegnung mit Dritten. Auf diese Weise offenbart sich eine bisher unterschätzte und unsichtbare Funktion von Immobilien: Orte der zwischenmenschlichen Begegnung, an denen Identität, Verbindlichkeit und Vertrauen ausgeprägt werden.

Doch der dominante Maßstab unserer Zeit sind natürlich die Kosten, muss sich doch die Investition in eine Immobilie gegen ihren erwartbaren Nutzen rechnen. Die Kosten der Digitalisierung werden primär von den privaten Personen getragen, indem sie sich mit den jeweils neuesten Geräten und Gadgets ausrüsten. Man stelle sich vor, man würde anstelle der Investitionskosten für einen Wolkenkratzer alle potenziellen Mieter mit Technik ausstatten, um sich von daheim zuzuschalten.

Der Blick über den Tellerrand des Zeitgeschehens:
von zentral zu dezentral zu zentral

Die Breite der Gesellschaft erforscht mit den Debatten über das Home Office die neuen Möglichkeiten. Der Paradigmenwechsel geht von der Zentralisierung der Citys zur Dezentralisierung in die Fläche, zusammengebunden zu einem technisch gut vernetzten globalen Dorf. Was die Herzen des Feuilletons beim Home Office höherschlagen lässt, führt beim Einzelhandel zu Depressionen und Untergangsfantasien mit einem klar ausgemachten Bösewicht: Amazon. Die großen Kaufhäuser schwinden ebenso wie die vielen kleinen Einzelhändler, während die Komplexität der Verteilung von stofflichen Produkten mithilfe der Technik ebenfalls massiv reduziert wird. Lieferdienste und Paketboten aller Art werden durch

---

6 Vgl. dazu Kühl, Stefan: https://sozialtheoristen.de/2020/05/01/ueber-die-nuetzliche-filterwirkung-internetbasierter-interaktionen-zum-unterschied-von-interaktion-unter-anwesenden-und-unter-abwesenden/.

die automatisierte Navigation kurz nach der elektronischen Bestellung in Marsch gesetzt. Wir haben den Marktplatz dezentralisiert.

Journalisten fragen dann besorgt: „Was ist der Sinn der Citys jenseits des Shoppings?", mehr noch, wenn auch die Anwesenheitspflicht im Büro in Frage gestellt wird? Definierte einst der Marktplatz das Zentrum der Stadt und der Macht, an den sich die Tempel, Rathäuser und die Repräsentanzen anschlossen, verschiebt sich die Bedeutung der zentralen Citylage. Der konservative Geist spürt den Phantomschmerz allzu deutlich und hofft beispielsweise, durch einen „Pakt für Innenstädte" mit Steuern gegenzusteuern, indem Pakete separat besteuert werden.[7] Aus diesem Geist atmet die Angst vor den unbekannten Veränderungen.

Die technisch induzierte Dezentralisierung der Markt- und Büroplätze stellt eine Sinnfrage an die Städte. Und es antwortet abermals die Kultur, im doppelten Sinne: Sie schafft Inhalte, welche Regierungen und Unternehmen von sich aus nicht herstellen können. Ihre genuine Aufgabe ist darüber hinaus die Erzeugung von Sinnüberschuss, Ästhetik und Zeitvertreib. Kultur ist die säkularisierte Fortsetzung der einst religiösen Struktur, in der Städte um die Kirchen herum wuchsen.

Es kehrt die überraschende Einsicht zurück, dass Städte nicht nur zum Arbeiten da sind. Sondern um Sinnüberschüsse zu organisieren. Um Menschen zusammenzubringen, in Schulen und Universitäten, Vereinen, Parteien, in Theatern und Hotels. Um Menschliches und Allzumenschliches anzugehen und auf diese Weise die Gemeinschaft und Menschheit voranzubringen. Das drückt sich auch im Faktor des touristischen Reisens aus, zum Gucken und Staunen und um ebendiese Kultur unmittelbar statt aus der Entfernung zu erfahren. Die Konkurrenz zwischen Gewerbemieten und Kulturmieten erfährt eine unerwartete Wendung, wenn die Bodenknappheit eine Entlastung erfährt. Je leichter es wird, Informationen zu transportieren, desto mehr wird das Reisen zur Kür, für die es einer besonderen Begründung bedarf. Je leichter es ist, Medikamente und Krankentransporte via Drohnen oder Lufttaxis zu organisieren, desto attraktiver wird der Trend, jenseits der urbanen Zentren in die Fläche zu ziehen. Wohlstand bedeutet

---

7   Forderungen innerhalb eines Grundsatzpapiers der CDU-Bundestagsfraktion vom Dezember 2020.

dann, nicht länger pendeln zu müssen, und das Zentrum der Städte wird für die Blue-Collar-Worker attraktiver, die die Stadt funktionsfähig und lebendig halten – die aber auch durch die weitere Automatisierung zunehmend entlastet werden: Polizisten, Busfahrerinnen, Straßenreinigungen und so weiter. Ob sich mit diesen die hohen Investitionen in kostspielige Hochhäuser, Tower und Wolkenkratzer noch lohnen, verdient eine äußerst kritische Prüfung.

Interessanterweise beruht diese Entwicklung auf einem Paradoxon. Die jetzige vernetzte Welt lebt von großen Datenzentren, von Clouds – also den Computern anderer Menschen. Innerhalb einer vermeintlich dezentral vernetzten Welt bündeln Clouds den gesamten Datenverkehr über wenige dicke Leitungen zu zentralen Rechenzentren. Dies bringt uns abermals zu Amazon zurück: Die Voraussetzung für die enorme Leistungsfähigkeit liegt in der Zentralisierung der Daten, wobei die Amazon-Cloud ein unerwartetes Abfallprodukt war und erst mit der ökonomischen Leistungsfähigkeit des Lieferdienstes entstehen konnte. Das gilt für alle anderen großen Rechenzentren ebenso, sie setzen jeweils eine ökonomische Leistungsfähigkeit von mindestens 300 Millionen Usern voraus.

Die Dezentralisierung der Städte setzt eine Zentralisierung der Daten voraus. Hier können, müssen vielleicht sogar, Immobilien eine Alternative schaffen, um im Falle des Falles beim Ausfall der Technik handlungs- und leistungsfähig zu bleiben. Dafür müssen Immobilien um die technisch-digitale Dimension weitergedacht werden und analog zum Notstromaggregat auch die Leistungsfähigkeit zur Vernetzung aufrechterhalten. Da sie immobil und verteilt sind, wären sie die perfekten Kandidaten für eine dezentrale Internetarchitektur mit einem Blockheizkraftwerk für das Internet – kleine leistungsfähige Recheneinheiten zusätzlich zur Klimaanlage, dem Brandschutz und dem Notstrom. Nicht umsonst haben das Technische Hilfswerk und die Feuerwehren seit nunmehr zehn Jahren USB-Ports zum Aufladen der Handys, um im Katastrophenfall die betroffenen Menschen ganz wörtlich vernetzt zu halten. Also Strom und WLAN, welches den Betrieb vor Ort aufrechterhält.

Wichtiger noch aber wird es, Immobilien auf diese Weise schon in Konzeption und Planung vernetzt, also in Beziehung zu jeweils anderen Immobilien und anderen Nutzungsdimensionen, zu denken. Immobilien sind per Definition konservativ, sind sie doch länger da und antworten im Augenblick ihrer Erschaffung auf die aktuellen Fragen. Die Branche denkt ihre Güter zu sehr als

Objekte statt als Lösungen, Funktionen und Antworten auf kulturelle Fragen. Innovation aber bedeutet per Definition, dass stets neue Fragen hervorgehoben werden – auf die sie dann antwortet. Man muss Digitalisierung und Kapital gemeinsam denken, ebenso wie Hochhäuser kapitalintensiv sind und durch Netzwerkeffekte ihren Nutzen rechtfertigen. Wir merken deutlich, wie sich allmählich neue kulturelle Bedürfnisse herausbilden, ohne dass diese sich jetzt schon in klaren Fragen artikulieren könnten.

Stefan Fahrländer

Daten und Modelle nutzen, aber: „denken hilft!"

Die Digitalisierung durchdringt längst sämtliche Lebensbereiche und damit auch den Immobiliensektor. Während in der Planung, in der Vermarktung und in der Bewirtschaftung digitale Hilfen weit verbreitet sind, ist bei der Integration von Planung und Bau sowie beim Übergang zur Betriebsphase noch einiges zu tun. Dabei ist die eigentliche bauliche Planung weitgehend digitalisiert, wobei praktisch jeder Fachplaner eigene Tools verwendet und integrierende Schnittstellen auf einen Master sich hierzulande noch nicht wirklich durchgesetzt haben. Der eigentliche Bau ist meist Handarbeit vor Ort. Während Building Information Modeling, kurz: BIM, in einigen Ländern bereits weit fortgeschritten ist und praxisorientiert eingesetzt wird, steht diese systematische Vorgehensweise in Deutschland noch am Anfang. Was im Holz- und Stahlbau längst gang und gäbe ist, wird von den „Beton- und Backsteinbauern" gerade erst als Innovation entdeckt und diskutiert. Die Ausweitung in die Bewirtschaftung und das Asset Management steht an.

Es geht dabei insbesondere auch um eine Verknüpfung der Management-Tools mit BIM, aber auch mit anderen Themen, insbesondere immobilienökonomischen. Die Management-Tools verfügen zwar über sämtliche notwenigen Eingabefelder für Kosten, Erträge, Zinssätze et cetera, es fehlt aber an maschinell zugeordneten und fundierten Vorschlägen zur Erfassung mit Marktdaten, was nach wie vor weitgehend manuell erfolgt. Weitere Bereiche sind die Wertermittlung und Finanzierung. Auch diese stellen teilweise aufgrund starrer gesetzlicher Vorgaben, aber auch aufgrund von Protektionismus noch viel zu oft auf die händische Befüllung und zelebriertes Expertenwissen ab. Dabei sind – gerade in Deutschland mit klaren regulatorischen Vorgaben zum „How to" – diese Bereiche geradezu prädestiniert, um von Daten und modellierten Werten zu profitieren. Zumal neben der Effizienz auch die Fundierung der Wertermittlungen gesteigert werden könnte. Gerade in der derzeitigen Marktphase mit sehr hohen Werten und Preisen wird die Fundierung – und Absicherung – mit Marktdaten immer wichtiger. Das Feld ist weit, und es bestehen Dutzende von Bedürfnissen und Möglichkeiten. Jedes Themenfeld bedarf deshalb einer umfassenden und vertieften Betrachtung. Im Folgenden beschränken wir uns auf die zentralen Themen.

Dies erfolgt aus der Perspektive des Immobilienökonomen und Marktbeobachters beziehungsweise -analytikers. Daten und Big Data gibt es durchaus, obschon immer wieder auf Intransparenz hingewiesen wird. Ja, man muss sich schon etwas zur Decke strecken, sammeln, strukturieren, analysieren und dann veredeln. Auch in Deutschland, das gemeinhin als „mittelmäßig transparent" eingestuft wird, gibt es viele relevante Daten und Möglichkeiten. Denn die Aussage der „mittelmäßigen Transparenz" stimmt so nicht. Gemäß Transparenzanalyse von JLL sind die deutschen Investmentmärkte im globalen Vergleich transparent bis sehr transparent, wenngleich sie hinter wenigen anderen Ländern – in denen vielleicht auch der Datenschutz weniger Beachtung findet – zurückstehen. Aus meiner Sicht ist die Datenverfügbarkeit recht hoch, aber natürlich gibt es einige „Wünsche", die in der realen Welt noch nicht erfüllt sind. Die Rohdaten und auch veredelte Daten (Modelle) sind jedenfalls – voll digitalisiert – verfügbar. Wenn es noch ein Problem gibt, dann ist es die Zögerlichkeit einiger Akteure und des Gesetzgebers, in diesen Bereichen schneller als bisher voranzuschreiten.

Hedonische Theorie und deren Umsetzung

Die gängigen Tabellen der Gutachterausschüsse, die neben dem Ort nach weiteren Eigenschaften wie beispielsweise Lagequalität und Baujahrgruppen unterscheiden, lassen bereits eine gewisse Berücksichtigung der Objektqualitäten bei der Wertermittlung zu. Gleichwohl bleiben sie rudimentär, belassen einigen Ermessensspielraum und verlangen nach Expertise. So ist es beispielsweise bekannt, dass der statistische Zusammenhang zwischen Fläche und Miete beziehungsweise Preis nicht gleich eins ist, sondern eher im Bereich von 0,7 bis 0,9 liegt. Das bedeutet, dass Quadratmeterpreise ausschließlich für die Beurteilung von Wohnungen verwendet werden dürfen, die in der Nähe des Mittelwerts der verwendeten Stichprobe liegen. Dieser ist allerdings unbekannt, sodass die übliche mittlere Wohnungsgröße ein guter Proxy sein dürfte. Für Wohnungen mit deutlich unterschiedlicher Fläche führen die Quadratmeterpreise hingegen zu falschen Ergebnissen. Das heißt, bei kleinen Wohnungen sind sie tendenziell zu tief und bei großen Wohnungen entsprechend zu hoch. Es ist dementsprechend eine weitere Korrektur erforderlich. Insofern sind die Richtwerttabellen rudimentäre hedonische Modelle, welche nur eine gewisse Anzahl von Dimensionen berücksichtigen. Sie können ohne Weiteres verfeinert werden.

Voraussetzung für immobilienökonomische analytisch-statistische Modellierungen ist eine Theorie. Diese wird in einem nächsten Schritt in die reale Welt übersetzt und operationalisiert, wobei insbesondere die Datenverfügbarkeit beachtet werden muss. Es entsteht dadurch eine Vereinfachung der Realität, ein Modell, das sehr viel umfassen kann, aber nie alles. Dieses Modell wird daraufhin anhand von empirischen Daten analytisch-statistisch geschätzt und die resultierende Schätzgleichung kann wiederum mit Daten parametrisiert werden, um ein Ergebnis herzuleiten oder eine Vergleichs- oder Richtwerttabelle zu erstellen.

Bei der Wertermittlung von Immobilien ist die hedonische Theorie für viele Fragestellungen, wie Wertermittlung von Wohneigentum, Bestimmung von Marktmieten von Wohnungen, Büroflächen et cetera nützlich. Das aus dem englischen „hedonic" abgeleitete – im Wortsinn an sich falsche – „hedonisch" meint, dass der konkrete Nutzen die Zahlungsbereitschaft generiert und nicht etwa Grundstücks- und Erstellungskosten. Insbesondere bei Bestandsbauten sind historische Kosten Geschichte und damit weitestgehend irrelevant für den Immobilienwert. Einzig der aktuelle und künftige Nutzen zählt nachfrageseitig bei der Transaktion. Aber auch bei Neubauten sind die Kosten nur die Preisuntergrenze, denn jeder Entwickler will „at market" verkaufen und nicht „at cost". Bei der Bewertung von Grundstücken ist der Nutzen der künftig fertig erstellten Flächen ebenfalls mit wertbestimmend für das unterliegende Land.

„Hedonisch" – das korrekte Adjektiv wäre „hedonistisch" – bezieht sich etymologisch auf den griechischen Begriff „Hedonismus", das Streben nach Sinnenlust und Genuss. Mit Blick auf Immobilien beruht der Begriff auf der Annahme, dass der Käufer oder Mieter eines Grundstücks, einer Immobilie oder einer Mietfläche einen Preis zu zahlen bereit ist, dessen Höhe sich nach dem Nutzen richtet. Dabei stiften sämtliche Aspekte der Makrolage, der Mikrolage sowie des Objekts – als Gesamtpaket – diesen Nutzen und sind damit werttreibend. Die Maximierung der Schätzgenauigkeit hängt in der praktischen Umsetzung wesentlich von der Datenverfügbarkeit ab. Dabei ist zwischen den Erfassungskosten zusätzlicher Eigenschaften und dem damit verbundenen Zusatznutzen abzuwägen. Es zeigt sich nämlich, dass die Variabilität der Preise einfacherer Immobilien wie Einfamilienhäusern oder Eigentumswohnungen, aber auch von Mietobjekten mit zehn bis zwölf erfassten Eigenschaften zu rund 95 Prozent erklärt werden kann.

Die Makrolage wird etwa durch die regionale Zugehörigkeit, die jeweilige Attraktivität der Gemeinde beziehungsweise des Stadtbezirks oder die Erreichbarkeit in der Nähe liegender Wirtschaftszentren bestimmt. Sie bestimmt das generelle Preisniveau eines Orts.

Des Weiteren nimmt die Mikrolage – also die Lage innerhalb eines Orts – Einfluss auf den Immobilienwert. Die Mikrolage umfasst wiederum sehr viele Teilaspekte, die zu Teilratings für Besonnung und Aussicht, Image des Quartiers, Dienstleistungsqualität, Freizeit und Erholung, Verkehrsanbindung sowie Lärmbelastung gruppiert werden. Die genannten Aspekte können dann zu einer Gesamtbeurteilung verdichtet werden. Mithilfe geografischer Koordinaten können einem Standort heutzutage rund 100 kleinräumige Indikatoren maschinell zugeordnet und zur Bewertung genutzt werden. Letztlich ist die Mikrolage aber immer als „Gesamtpaket" zu berücksichtigen, sodass die Indikatoren zu einem

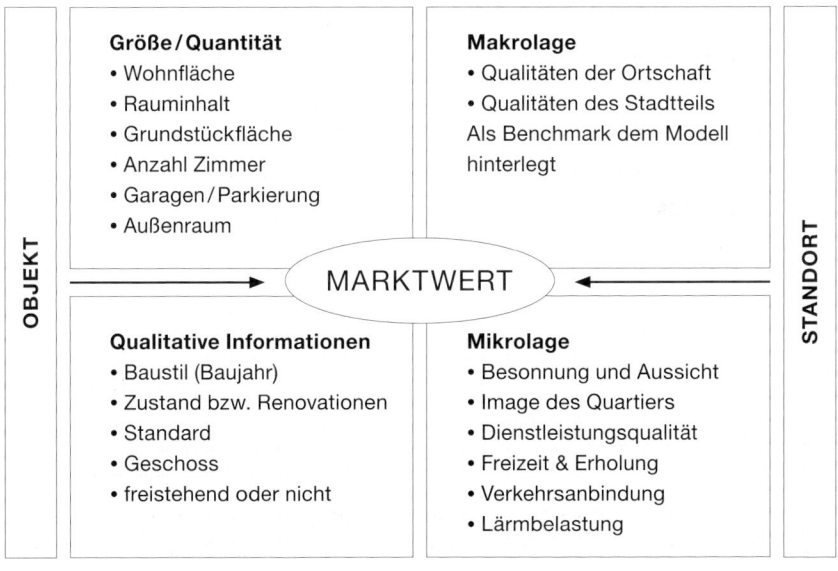

Zentrale wertbestimmende Eigenschaften im hedonischen Modell

Quelle: Fahrländer Partner Raumentwicklung

83

übergreifenden Mikro-Lagerating verarbeitet werden. Weitere zentrale Werttreiber sind die Eigenschaften des Objekts, sei dies ein Einfamilienhaus oder eine Wohnung, sei dies eine Büro-, Verkaufs- oder andere Gewerbefläche. Die Objekteigenschaften lassen sich in messbare Größen und Qualitäten unterteilen.

Zu diesen Messgrößen zählen insbesondere die Nutzfläche, die Zimmeranzahl, die Außenräume und die Parkplätze. Bei Einfamilienhäusern zudem die Grundstücksfläche. Das Baujahr ist zwar ebenfalls eine Messgröße, in seiner Wirkungsweise auf Werte und Mieten teilweise aber auch eine qualitative Information. Da der Städtebau und die Architektur typischerweise nicht gesondert erfasst werden, ist das Baujahr auch ein sogenannter „Proxy" für diese Qualitäten, insbesondere bei sehr alten Bauten. Weitere zentrale Qualitäten, die wertbestimmend sind und entsprechend in hedonische Modelle einfließen, sind der Zustand von Hülle und Ausbau, der Ausbaustandard, bei Gewerbeflächen auch der Ausbaugrad, der Energiestandard sowie die Lage im Gebäude.

In der Praxis bereitet die Einschätzung der Qualitäten am ehesten Probleme. Hier lässt sich über geeignete Noten- und schlüssige Herleitungssysteme eine objektivierte, vom Erfasser weitgehend unabhängige Einschätzung ermitteln.

Für die Operationalisierung des Modells müssen nun Datensätze bereitgestellt werden, die neben Kauf- beziehungsweise Mietpreis und Abschlussdatum sowie den Koordinaten die Objekteigenschaften enthalten. Der Datensatz kann dann durch die Indikatoren der Makro- und der Mikrolage maschinell erweitert werden. Bekannt sind demnach die Gesamtpreise für die jeweilige Kombination von Eigenschaften, nicht aber die Preise der einzelnen Eigenschaften, die sogenannten hedonischen Preise. Diese sind – auch in der Realität, wenn ein Konsument Preisvergleiche anstellt – höchstens in ihrem annäherungsweise plausiblen Ausmaß bekannt, nicht aber explizit.

Es gilt also, diese impliziten Preise der einzelnen Eigenschaften durch geeignete analytisch-statistische Verfahren explizit zu machen, das heißt, zu berechnen beziehungsweise, im Statistiker-Jargon, „zu schätzen". Dabei werden die hedonischen Preise integral über sämtliche Dimensionen gleichzeitig ermittelt. Die Tabellen der Gutachterausschüsse können dann anhand der resultierenden Schätzgleichung zusammengestellt werden. Als Umkehrschluss folgt daraus, dass auch die Tabellen der Gutachterausschüsse vereinfachte hedonische Modelle sind und diese weiter differenziert werden können, wobei die Tabellen dann immer umfangreicher würden. Das hedonische Modell macht dasselbe wie die Richtwerttabelle. Allerdings finden weitaus mehr Dimensionen Berücksichtigung, und anstelle der ausgewiesenen Werte muss eine Formel befüllt werden.

Die Vorteile sind also offensichtlich: statistische Fundierung unter Berücksichtigung der wertrelevanten Eigenschaften, voll automatisiert und deshalb kosteneffizient auch für große Portfolios einsetzbar.

Vom Schlagwort zur Kenntnis: Machine Learning

In der aktuellen Diskussion um „Automated Valuation Models", kurz AVM, werden Begriffe wie maschinelles Lernen (Machine Learning) und Künstliche Intelligenz (Artificial Intelligence) strapaziert, und nahezu jedes Jahr kommen neue Schlagwörter hinzu. Auffällig dabei ist, dass oftmals analytisch-statistische Modellklassen oder Methoden in den Vordergrund rücken, während die immobilienökonomische Logik und die Theorie in den Hintergrund treten.

Beim maschinellen Lernen handelt es sich um sehr flexible analytisch-statistische Modellklassen. Diese gehen jeweils mit einer Vielzahl unterschiedlicher Methoden einher. Letztere suchen die Zusammenhänge zwischen Eigenschaften und Preisen aufgrund der Variationen in den Daten und passen das statistisch beste Modell an. Dabei ist es für die heutigen *machine learners* nicht relevant, ob die gefundenen Zusammenhänge immobilienökonomisch Sinn machen – oder nicht. Aufgrund von Scheinkorrelationen, sogenannten Kollinearitäten, sowie teilweise ungenügender Information *(ommitted variables)* können auf diese Weise komplett verzerrte „beste" Modelle entstehen, ohne dass die Verzerrung für den Statistiker oder Anwender ersichtlich ist. Die *machine learners* sind deshalb weitgehend *black boxes.* Mit dem resultierenden Modell können zwar Schätzungen vorgenommen werden. Die eigentliche Schätzgleichung ist jedoch nicht im Detail bekannt. Daraus ergeben sich weitere Fragen bezüglich Governance und Revisionssicherheit. Hinzu kommt, dass nicht kontrollierbare *black boxes* beim periodischen – typischerweise quartalsweisen – Modell-Update unkontrollierbar sind. Das kann dazu führen, dass bei den Schätzungen nach einem Update für gewisse Kombinationen von Objekteigenschaften erhebliche Wertsprünge resultieren, was für die Anwender natürlich nicht akzeptabel ist.

Solche Modellklassen können beispielsweise für die Bilderkennung oder andere Anwendungen, bei denen allein die hohe Treffgenauigkeit zählt und nicht der Grund für dieselbe, nützlich sein. Für immobilienökonomische Fragestellungen sollten jedoch andere Standards gelten. Insbesondere bei der Wertermittlung oder der Bestimmung von Marktmieten sind neben der eigentlichen Statistik die ökonomischen Zusammenhänge relevant. Insgesamt sind die heutigen *machine learners* für explorative Zwecke und als Benchmark deshalb zwar nützlich. Die Erkenntnisse sollten dann jedoch in ein parametrisches Modell übersetzt werden.

Erfahrungen aus der Schweiz und anderen Ländern, in denen *machine learners* seit vielen Jahren evaluiert werden und parametrische hedonische Modelle von Maklern und Entwicklern für die Marktwertermittlung, von Banken für die Beleihungswertermittlung sowie von Asset Managern, Bewirtschaftern und Gutachtern für die Ermittlung von Marktmieten praktisch flächendeckend eingesetzt werden, zeigen, dass dies sehr gut funktioniert. Gleichwohl zeigt sich, dass auch Systemgrenzen bestehen und die Expertise der Anwender gefordert ist. Nach einem anfänglichen Hype, bei dem der Ausdruck „hedonisch" eine fast magische Wirkung entfaltete, zeigt sich inzwischen mehr Realitätsnähe. Denn auch analytisch-statistische Modelle sind keine Kristallkugeln, sondern nützliche Hilfsmittel für den Experten: Denken hilft.

Technische Integration mittels API

Die Architektur von Applikationen hat sich in den vergangenen Jahren massiv gewandelt. Die Anbieter von Applikationen, aber auch Daten- und Modellprovider müssen massiv investieren, um *à jour* zu bleiben.

Noch vor rund zehn Jahren wurden Logiken und Modelle direkt in eine Applikation einprogrammiert. Damals saßen also Modellentwickler und Programmierer gemeinsam vor dem Computer, und der Entwickler hat dem Programmierer die Logik erklärt, welche dieser dann in Programmzeilen übersetzt hat. Dann wurde gemeinsam getestet. Dies war erstens sehr aufwendig, und zweitens führte jede Modelländerung dazu, dass die Programmierung angepasst und erneut getestet werden musste. Die Kosten waren immens, bei einer vergleichsweise geringen Entwicklungsdynamik. Sollte das gleiche Modell in einer anderen Applikation ebenfalls angewendet werden können, musste die gesamte Programmierung erneut vorgenommen werden. Die heutige IT-Architektur ist anders, und anstelle der Programmierung von Modellen in der Endapplikation werden diese an einem zentralen Ort programmiert und bereitgestellt. Nennen wir diesen zentralen Ort Berechnungsserver. Dabei hat zum Beispiel ein Wertermittlungsmodell typischerweise eine Anzahl von Inputvariablen und eine Anzahl von Outputvariablen, welche jeweils als Vektor dargestellt werden können.

Nehmen wir an, an einem anderen Ort, auf einem anderen Server existiere nun eine andere Applikation – zum Beispiel ein Kreditsystem, in dem der gesamte Hypothekarprozess abgebildet ist. Ein kleines Element in diesem Prozess ist die Ermittlung des Beleihungswerts. Anstatt wie früher das gesamte Modell zur Ermittlung des Beleihungswerts zu programmieren, wird in diesem System nur noch der Vektor für das Wertermittlungsmodell zusammengestellt. Dieser Vektor wird verschlüsselt und wiederum gesichert an den Bewertungsserver übermittelt. Dieser wiederum befüllt damit die Inputschnittstelle und sendet nach erfolgter Berechnung den verschlüsselten Outputvektor an das Kreditsystem zurück. Dort wird dieser wiederum entpackt und verwendet. Man spricht in diesem Zusammenhang von Application-Programming-Interface (API), also von einer Schnittstelle, die es zwei Programmen ermöglicht, miteinander zu kommunizieren.

Obschon vereinfacht dargestellt, erscheint eine solche Anbindung kompliziert, was sie technisch sicherlich auch ist. Sie ist allerdings hoch standardisiert und deshalb kostengünstig implementierbar. Es kann festgehalten werden, dass durch die Verschlüsselung und umfassende IT-Sicherheitsmaßnahmen die Sicherheitsstandards von Banken eingehalten werden. Zudem liegen die Berechnungszeiten vom Auslösen bis zur Darstellung des Ergebnisses beim Anwender im Bereich von zwanzig Millisekunden. Zum Vergleich: Der menschliche Wimpernschlag dauert rund hundert Millisekunden. Zwanzig parallel laufende Bewertungsserver könnten demnach die Bewertung der rund 35 Millionen Grundstücke Deutschlands an einem Wochenende bewältigen.

Dieser technische Wandel bringt gewichtige Vorteile für alle Parteien: Zum einen kann der Modellprovider sein Modell selbst anpassen und weiterentwickeln. Solange die Schnittstellen sich nicht ändern, entstehen auf der Nutzerseite dadurch keine zusätzlichen Kosten. Zudem ist jederzeit sichergestellt, dass das „autorisierte" Modell des Herstellers verwendet wird und nicht ein veraltetes System. Für den Nutzer der Modelle hat diese Anbindung zudem den großen Vorteil, dass er seine Abhängigkeit reduziert. Denn er kann jederzeit den Modellprovider wechseln – falls kein Angebotsmonopol besteht – und die API eines anderen Anbieters anbinden.

Objektivierung und Fundierung

Die Wertermittlung ist eine zentrale immobilienökonomische Fragestellung. Deren gibt es aber viele, und jeder Themenbereich erfordert eine Spezialisierung und umfangreiche Datenbereitstellungen, -aufbereitungen und Modellierungen. So bestehen beispielsweise flächendeckende datengestützte Modelle zur Analyse der Mikrolage aus vielen Milliarden Datenpunkten unterschiedlicher Art, die wiederum zu Teilratings und schließlich zu Gesamtratings für unterschiedliche Nutzungen verarbeitet werden müssen. Aus diesen Daten können wiederum maschinelle Texte zur Mikrolage abgeleitet und erzeugt werden. Und dies für jeden beliebigen Standort in Deutschland. Solche Modelle existieren ebenfalls auf Ebene der Makrolage, wo alle verfügbaren soziodemografischen, regionalwirtschaftlichen und anderen immobilienökonomisch relevanten Daten zu aussagekräftigen Ratings verdichtet werden. Diese dienen wiederum der Bereitstellung landesweiter und nach Ort und Nutzung differenzierter Zinssatzmodelle. Denn die Ratings spiegeln letztlich die Risiken eines Standorts wider und liefern damit ein zentrales Element der räumlichen und nutzungsspezifischen Differenzierung des Liegenschaftszinssatzes. Dieser wird schließlich über ein Objektrating weiter ausdifferenziert.

Auf diese Weise ist es heute möglich, auch für Ertragswertmodelle mittels API für sämtliche bewertungsrelevanten Parameter objektspezifisch differenzierte Modellvorschläge an praktisch jede beliebige Applikation – sogar an Excel-Tools – anzubinden und so den Gutachter fundiert und objektiv zu unterstützen.

Dabei lohnt es sich für die Anwender, solche Dienste extern zu beschaffen, denn es ist immer hoch spezialisiertes Know-how erforderlich. Zudem sind die Entwicklungskosten und -risiken groß, und die periodische Aktualisierung und Verbesserung müssen im Sinne der Maintenance stets sichergestellt sein. Hinzu kommt, dass sich interne Modelle überwiegend auf eigene Daten stützen. Demgegenüber haben externe Spezialisten den wesentlichen Vorteil, dass sie unter Umständen Daten aus verschiedenen Quellen poolen können. Damit wird die Fundierung der Modelle verbessert und die Gefahr eines Bias minimiert. In vielen Fällen können extern zugekaufte Modelle gegenüber den eigenen Kunden oder gegenüber einer Aufsichtsbehörde zudem glaubwürdiger sein als interne Lösungen.

Von Zukunftsangst und Technologieoptimismus

Business Acceleration und Next-Level-Immobilienbewertung sind die Branchen-Schlagworte der Stunde. Von überbordendem Technologieoptimismus zu sprechen wäre in Deutschland gegenwärtig wohl verfehlt. Gleichwohl sind die Aktivitäten in der immobilienökonomischen Digitalisierung nicht erst seit der Corona-Pandemie merklich gewachsen, und wichtige Marktakteure befassen sich heute ernsthaft mit der Thematik. Dabei sprossen auch angebotsseitig die Start-ups wie Pilze aus dem Boden, es herrschte eine Aufbruchsstimmung. Nachdem die Nutzer entsprechendes Wissen aufgebaut und Angebote geprüft haben, ist es zuletzt etwas gemächlicher geworden und die Branche ist auf einen durchdachten Digitalisierungspfad eingeschwenkt. Kosten- und Nutzenerwägungen rücken in den Mittelpunkt und bilden die Basis für Entscheidungen. Dabei sind sich die Akteure heute verstärkt bewusst, dass die Einbindung von Daten und Modellen in ihre Bewertungs- und Managementapplikationen großen Nutzen stiftet, die Expertise aber nicht ersetzt, sondern ergänzt. Gleichwohl zeigen sich bei einem Teil der Bewertungsdienstleister, aber auch bei Asset Managern teilweise ein Unbehagen und ein Widerstand. Denn die Digitalisierung kann auch als Gefahr für das eigene Ein- und Auskommen wahrgenommen werden. Dies bringen größere Veränderungen naturgemäß mit sich: Wie in der *Neuen Zürcher Zeitung* unlängst nachzulesen war, wurde das Automobil im Schweizer Kanton Graubünden um das Jahr 1900 kurzerhand verboten. Dies wohl auf Betreiben der Fuhrhalter, Pferdezüchter und Postillione. Das Verbot hatte bis 1925 weitestgehend Bestand.

In der gesamten Diskussion gibt es drei Gruppen von Akteuren, deren Eigenheiten, Vorbehalten und unternehmerischen Zielen nicht nur Rechnung zu tragen ist – vielmehr muss zwischen diesen durch Aufklärung und Diskussion ein Ausgleich gefunden werden:

- Die Modellhersteller und Datenprovider neigen zu l'art pour l'art und müssen sich verstärkt mit den effektiven Bedürfnissen und Möglichkeiten der Anwender auseinandersetzen.
- Die Technologiegläubigen sollten sich nicht nur mit den Möglichkeiten befassen, sondern auch ein Bewusstsein für die Grenzen der Technologie entwickeln.

- Die „Bewahrer" sollten sich den neuen Möglichkeiten öffnen. Die Erfahrung zeigt: Erfolgreiche werden durch effiziente Tools erfolgreicher und haben mehr Zeit für ihre eigentliche Expertise, die nicht obsolet wird.

Die Akteure sollten sich zudem dessen bewusst sein, dass mit den Möglichkeiten auch die Ansprüche steigen: Haben die Aufsichts- und Steuerbehörden, aber auch die Investoren die Digitalisierung und die mit ihr verbundene Effizienzsteigerung und Fundierung erst einmal entdeckt, steigen die Anforderungen quasi automatisch an. So sind beispielsweise Beleihungswerte im Rahmen der „Basel Accords" periodisch neu zu bewerten oder geeignet fortzuschreiben. Auf diese Idee wäre in vordigitalen Zeiten wohl niemand gekommen, denn es hätte gar nicht geleistet werden können.

Grundsätze der immobilienökonomischen Digitalisierung

Vor dem Hintergrund des Gesagten erscheinen uns für Führungskräfte und insbesondere auch für die Vorbereiter von Entscheidungen folgende Grundsätze für die immobilienökonomische Digitalisierung zentral:

- Die Unabhängigkeit des Herstellers: Dieser darf keine weiteren Interessen haben, als möglichst marktnahe Modelle herzustellen. Unabhängig davon, ob diese hohe oder tiefe Werte generieren.
- Unabhängigkeit des Modellkäufers: Dieser sollte auf die API-Integrationsfähigkeit der Modelle achten, um technologische Abhängigkeiten von vornherein auszuschließen.
- Die Wahrung von *best practice* bei Governance und Compliance: Eigene Modelle sind immer „auf einem Auge blind" und gehen deshalb mit einem Risiko der Verzerrung einher. Dementsprechend sollte der Zukauf beziehungsweise die Lizenzierung externer Modelle mindestens geprüft, wenn nicht gar bevorzugt werden.
- Eigenes Wissen vergrößern: Es lohnt sich auch und gerade für Führungskräfte und deren Entscheidungsvorbereiter, sich mit den genannten Themen zu befassen. Dies, um nicht auf Schlagworte hereinzufallen und fundiert beurteilen zu können, was denn da so „verkauft" wird.

Nikolas Samios

Von den zukünftigen Megatrends durch PropTechs und externe Innovation profitieren

Die Immobilienwirtschaft ist groß und wichtig. Richtig groß und richtig wichtig: Gemessen am gebundenen Vermögen über alle Anlagekategorien hinweg sind Immobilien mit 228 Billionen US-Dollar weltweit die Nummer eins. Kein Wunder, denn ein Großteil unseres Lebens findet innerhalb von vier Wänden statt. Persönliche Lebensplanung, Träume und Probleme drehen sich zu einem erheblichen Teil um unsere Wohnsituation. Die aktuelle gesellschaftliche und politische Diskussion, insbesondere in den Ballungsgebieten, ist nicht erst seit Schlachtrufen wie „Deutsche Wohnen enteignen" untrennbar mit der begrenzten Ressource Immobilien und ihrer effizienten und auch fairen Nutzung verbunden. Parallel verändert sich das Nutzer-Anbieter-Kräfteverhältnis nicht nur durch die Auswirkungen von Covid-19 deutlich. Was bereits mit dem Aufkommen von Coworking-Anbietern begann, nimmt nun seinen Lauf: Flexibles Mieterinteresse und der Anspruch nach einem ordentlichen User Interface werden wichtiger. Daraus folgt, dass die oftmals aus der Luxussituation geborene arrogante Einstellung vieler Eigentümer und Vermieter, die, zugespitzt gesagt, in den letzten Dekaden kaum etwas falsch machen konnten und trotzdem sehr gutes Geld verdient haben, zunehmend in Frage gestellt wird.

Und dabei kratzen wir erst an der Oberfläche. Weitere Entwicklungen wie der nachhaltige Megatrend der Verlagerung vom Handel ins Internet, die korrelierend steigende Bedeutung von Logistik oder die Umwälzungen im Hospitality-Bereich, der nicht erst seit dem Börsengang von Airbnb im Dezember 2020 (derzeitige Marktkapitalisierung von über 100 Milliarden US-Dollar, Stand: Februar 2021) und dem Siegeszug neuer, auf Nutzung für einen mittelfristigen Zeitraum von 1 bis 12 Monaten ausgerichteten Plattformen wie Wunderflats ganz neue Konkurrenz erhält, nehmen Fahrt auf. Auch auf der Baustelle knirscht es: Während andere Branchen, beispielsweise die Automobilindustrie, in den letzten Dekaden durch konsequente Digitalisierung und Prozessinnovation seit 1995 Produktivitätszuwächse von im Schnitt 1,32 Prozent pro Jahr realisierten, wird am Bau oftmals kaum anders gearbeitet als vor 100 Jahren – in Zahlen ausgedrückt: nur mit 0,26 Prozent jährlichem Produktivitätswachstum.

Dieser obsolete Status quo der Industrie wäre bereits ohne weitere externe Einflussfaktoren Grund genug, anzunehmen, dass gerade eine massive Welle von Innovationsdefizitkorrektur anläuft, an deren Ende viele Early Adopter als neue Gewinner und Marktführer stehen, jedoch viele tradierte Unternehmen, die den Zug verpassen beziehungsweise aus bräsiger Selbstgefälligkeit glauben, Veränderung aussitzen zu können, schlicht aus dem Markt fallen.

Zu drastisch aufgetragen? Hier hilft ein Blick über den Tellerrand. Denn die Immobilienindustrie hat eigentlich eine vergleichsweise gute Ausgangsituation, die Effekte der – unter anderem – digitalen Transition sowie des Empowerments der Nutzer abzuschätzen, denn es traf andere Branchen bereits deutlich früher. Erinnert sei hier an die Entwicklung der digitalen Medien, circa ab dem Jahr 2000, als ISDN nach circa 5 Jahren langsam von DSL und Kabelmodems, also dem ersten echten Breitband-Internet, abgelöst wurde und sich die Medienwelt in zwei Lager spaltete.

Auf der einen Seite stehen hier Unternehmen wie Axel Springer, die mit Ausrufen wie „wir konkurrieren nicht mehr gegen Bauer, Burda und Holtzbrinck, sondern gegen Google, Amazon und Ebay" in Deutschland seinerzeit mehr Kopfschütteln als Unterstützung erhielten und heute mit 73 Prozent EBIT-Anteil aus dem Digitalgeschäft zu den absoluten Gewinnern der digitalen Transition gehören. Auf der anderen Seite des Spektrums steht zum Beispiel manch ein Betreiber von deutschsprachigen TV-Stationen, der über Jahre versuchte, mit selbst produzierten Studien gegen die irreversible technische Entwicklung und das damit einhergehend geänderte Nutzerverhalten Don-Quijote-artig anzuschreiben. Nach diesen Innovationsverleugnungs-Studien wollten TV-Nutzer unbedingt live fernsehen, um das „Gefühl" eines (virtuell) gemeinsamen Erlebnisses mit anderen Nutzern in anderen Wohnzimmern zu teilen.

Das damals neue, das Geschäftsmodell der Sender massiv in Frage stellende Phänomen des „nonlinearen TVs", also der Nutzung von TV-Inhalten on demand, zum Beispiel über den damals in den USA hoch populären ersten Festplatten-Videorekorder „TiVo" beziehungsweise dann später über Online-Streaming-

Dienste wie heute Netflix (die anfangs mangels ausreichender Internetkapazität noch DVDs per Post verschickten), wurde als irrelevant diskreditiert. Wie zu erwarten, spielen diese Innovationsverweigerer heute in der von Amazon Prime, YouTube, Netflix, Apple, Disney+ und anderen US-Unternehmen dominierten neuen TV-Welt kaum noch eine Rolle, mit empfindlichen wirtschaftlichen Folgen.

Digitale Transformation und das oftmals damit einhergehende Erwachen des Nutzers, der vom unterwürfigen Konsumenten zum selbstbewussten Entscheider mutiert, ist eine schlicht nicht aufzuhaltende, nachhaltig umwälzende Kraft, die so oder so den Markt umkrempelt, egal wie dickköpfig sich manch etablierter Entscheider diesen Entwicklungen verweigert. So sind beispielsweise aus den berühmten und stets selbstbewussten Fortune 500, den wertvollsten 500 US-Unternehmen, seit 2000 sage und schreibe mehr als 50 Prozent schlicht verschwunden, pleite oder als unkenntlicher Rest in unrühmlichen Notverkäufen verwertet worden. Die Fluktuation der Fortune 500 nahm hierbei in den letzten Jahrzehnten immer mehr zu und wird nicht plötzlich vor einzelnen Branchen haltmachen.

Das enorme wirtschaftliche Potenzial aus der Digitalisierung des Supertankers Immobilienindustrie liegt also auf der Hand. Dabei ist das noch lange nicht der größte Megatrend unserer Tage. Noch eine Dimension nachhaltiger (im doppelten Wortsinn) prägt die Klimakrise, die ruhig auch als solche benannt und nicht als „Wandel" verniedlicht werden sollte, das Ökosystem bereits heute, vor allem aber morgen und übermorgen.

Trotz der Corona-Pandemie ist Environmental Social Governance (ESG) in letzter Zeit zum heiß diskutierten Thema der Immobilienbranche geworden. Wenn überhaupt, hat Covid-19 gezeigt, inwiefern ein externer Faktor erhebliche Auswirkungen auf die Märkte im Allgemeinen und die Immobilienbranche im Besonderen haben kann. Der Ärger vieler Immobilien-Führungskräfte über den Mehraufwand, der von ESG-Berichten und der Dokumentierung der eigenen Leistung auf diesem Gebiet ausgeht, zeigt einerseits, dass die Bedeutung (und die Chancen!) dieses Megatrends noch weit unterschätzt wird, andererseits die Berichterstattung auf diesem Gebiet eben nicht so lapidar ist, wie es anmutet. Die Immobilienbranche hat es in den letzten Jahrzehnten, in denen andere Wirtschaftszweige an ihrer eigenen Digitalisierung und Prozessoptimierung gewerkelt haben, versäumt, nicht nur eine ausreichende Datenbasis, sondern auch die notwendigen

Prozesse aufzubauen, die es in der Zukunft ermöglichen, eigene Immobilienbestände nach ESG-Kriterien zu bewerten.

Das bereits angesprochene mantraartige Verleugnen dieser Realität wird auch in diesem Fall empfindliche Konsequenzen nach sich ziehen. ESG is here to stay, dafür ist der Druck aus verschiedenen Strömungen der Gesellschaft schlichtweg zu hoch. Wer derzeitige Regularien bereits als überbordend empfindet, wird böse erwachen. Bekanntermaßen wurde 2016 mit dem Pariser Abkommen die Grundlage für eine globale kollaborative Agenda zur Bekämpfung der Klimakrise und zur Anpassung an diese geschaffen. Die EU hat sich zum Ziel gesetzt, bis 2050 klimaneutral zu werden. Mit dem oft unterschätzten Beitrag von etwa 40 Prozent zu den globalen CO_2-Emissionen spielt der Immobiliensektor eine entscheidende Rolle beim Erreichen dieses Ziels. Entsprechende Maßnahmen wie der Green Deal der EU und die EU-Taxonomie geben bereits einen Vorgeschmack auf das, was noch kommen wird.

Soziale und politische Tendenzen machen es überwiegend wahrscheinlich, dass die EU den Druck auf die Immobilienwirtschaft nicht reduzieren wird. Man muss nicht Greta Thunberg und Fridays for Future anführen, um zu erkennen, welche Maßnahmen gesellschaftlich gefordert werden. Wahlergebnisse auf kommunaler, nationaler und europäischer Ebene sind hierfür ein ebenso guter Indikator: In Deutschland deuten Umfragen für die bevorstehende Bundestagswahl im Herbst 2021 darauf hin, dass 17 bis 21 Prozent der Wähler den Grünen ihre Stimme geben werden (gegenüber 9 Prozent bei der letzten Wahl). Außerdem hat sich die Zahl der Parteimitglieder in den letzten zehn Jahren fast verdoppelt. Nicht nur in Deutschland, sondern auf dem gesamten europäischen Kontinent scheinen die grünen Parteien kurz davor zu sein, die sozialdemokratischen Parteien als wichtigste Wählerstimme des linken Spektrums zu verdrängen. Besonders bei der jüngsten Europawahl konnten grüne Parteien einen beispiellosen Erfolg verzeichnen. 74 Abgeordnete, die die Europäische Grüne Partei vertreten, wurden 2019 ins Europäische Parlament gewählt im Vergleich zu lediglich 47 Abgeordneten im Jahr 2014.

Der diffuse Wunsch der Gesellschaft nach einer nachhaltigeren Zukunft materialisiert sich schnell für die Immobilienwirtschaft, wenn das große Geld, also institutionelle Investoren, die Zeichen der Zeit erkennen und ihre Anlagestrategien auf grüne Investments umstellen. Einerseits unterliegen die Investoren oftmals selbst dem Einfluss von grün ausgerichteten Regierungen, andererseits haben sie ein inhärentes Interesse, risikofrei und entsprechend nachhaltig zu agieren. Erst kürzlich hat eine Gruppe führender globaler Investoren 36 der größten europäischen Unternehmen über die Institutional Investors Group on Climate Change (IIGCC) aufgefordert, die Auswirkungen der globalen Verpflichtungen zur Begrenzung des Temperaturanstiegs auf deutlich unter 2 Grad Celsius und idealerweise auf 1,5 Grad Celsius in ihren Jahresabschlüssen angemessen zu berücksichtigen. Die IIGCC repräsentiert mehr als 250 Mitglieder – hauptsächlich europäische Pensionsfonds und Vermögensverwalter – mit einem verwalteten Vermögen von über 33 Billionen Euro.

Schaut man sich die Prognosen für die von institutionellen Investoren verwalteten Assets beispielhaft in den USA an, stellt man fest, dass die Größe an nicht ESG-mandatierten Assets von heute bis 2025 bei einer Größenordnung von 34,5 Billionen US-Dollar stagniert, ESG-mandatierte Assets jedoch von 12 Billionen US-Dollar auf die ebenso große Zahl von 34,5 Billionen US-Dollar anwachsen werden. Die Frage stellt sich dabei für jede/n Unternehmer/in, ob er/sie in Immobilien macht oder nicht: Will man lieber in einem wachsenden oder in einem stagnierenden Markt aktiv sein?

Der ESG-Megatrend, der von regulatorischem gesellschaftlichem Druck und durch ESG-bewusste Investoren getrieben wird, wird so schnell nicht verschwinden. Eine zukunftsorientierte Geschäftsstrategie wird darin bestehen, die Chancen aktiv zu nutzen, die sich aus diesem Megatrend ergeben, und dabei zukunftsweisende technologische Lösungen einzusetzen.

Wie können nun also Immobilien-Player von den mehrdimensionalen Umbrüchen profitieren, und welche Rolle spielen dabei junge, innovative Unternehmen, die sogenannten PropTechs oder ConstructionTechs? Zur Illustration ein paar Beispiele:

Archilyse ist besonders für Projektentwickler, Raumplaner und Immobilienbestandhalter von gesteigertem Interesse und stellt eine sogenannte Software-as-a-Service-Plattform zur Optimierung diverser Prozesse in der Immobilienwertschöpfungskette zur Verfügung. Sie digitalisieren im ersten Schritt 2D-Papier- oder PDF-Pläne und verwandeln so das Planarchiv in eine brauchbare Datenbasis. Im zweiten Schritt kombiniert Archilyse Geodaten mit den Objektdaten zu einem digitalen 3D-Modell, welches als Ausgangslage für eine qualitative Analyse dient. Mithilfe dieser digitalen, mit wertvollen Informationen automatisch angereicherten Daten ergeben sich die unterschiedlichsten Anwendungsfälle. So können Projektentwickler Bürogrundrisse oder Gewerbeflächen automatisch auf ihre Eignung für bestimmte Nutzungen oder ihre Auslastungskapazität testen und optimieren. Darüber hinaus ermöglicht die Software beispielsweise automatisierte Compliance-Checks bezüglich lokaler Baunormen. Immobilienbestandhalter können durch Archilyse ihr Portfolio beispielsweise durch die Ermittlung der Lage, der Aussicht oder des Sonneneinfalls ihrer Objekte verfeinert bewerten und optimal auf den Markt zuschneiden.

Thing-it ist eine sogenannte Internet-of-Things-Integrationsplattform und ein Prozessmanagement-Tool für Smart Offices, smarte Quartiere und für Smart Facility Management. Thing-it dient sozusagen als Betriebssystem eines digitalisierten Gebäudes. So bietet die Plattform im Grunde genommen eine Lösung zur Bündelung der technischen Infrastruktur in Gebäuden und einer Vielzahl an IoT-Geräten in einer Applikation. Darüber hinaus dient Thing-it als Hauptkommunikations- und Service-Tool für alle Stakeholder in einem Gebäude. Anwendungsfälle wie Zutrittsmanagement, HVAC- und Lichtsteuerung, Raumbuchungen und Indoor-Navigation sind beispielsweise in der digitalen Lösung von Thing-it enthalten. Durch die Implementierung der Plattform in Gebäude wird nicht nur eine Vielzahl von Datenpunkten kreiert, sondern auch eine intelligente digitale Steuerung des gesamten Gebäudes ermöglicht. Transparenz wird erhöht und Gebäude können effizienter betrieben werden.

Ecoworks ist Vorreiter auf dem deutschen Markt für Net-Zero-Modernisierungen. Mit einem digitalisierten Ansatz trifft das Unternehmen den Nerv der Zeit und trägt zur Modernisierung des Gebäudebestands bei. Das Start-up verwendet dabei eine Bauweise, die auf vorgefertigte Module zurückgreift, und ermöglicht es somit, den individuellen und damit arbeitsintensiven Prozess effizienter zu gestalten. Auf der Grundlage der modularen Bauweise renoviert das Unternehmen Mehrfamilienhäuser in einem Bruchteil der Zeit im Vergleich zu herkömmlichen (energetischen) Sanierungsansätzen. Durch den Einsatz hocheffizienter Energiesysteme erzeugen die modernisierten Gebäude über das Jahr gesehen mindestens so viel Strom, wie ihre Mieter für Heizung, Warmwasser und Haushaltsstrom verbrauchen, und speisen überschüssige Energie in das allgemeine Stromnetz ein.

Man kann festhalten, dass sich viele Player entlang der immobilienwirtschaftlichen Wertschöpfungskette an einer Weggabelung befinden: Erkennen und handeln sie entsprechend den Megatrends Digitalisierung, veränderte Nutzererwartungen und der Bedeutung von ESG oder ergeben sie sich dem Schicksal vieler starrer Konzerne, die vor ihnen in der Bedeutungslosigkeit verschwunden sind? Während der erste Schritt zwar attraktiver klingt, scheint er auf den ersten Blick jedoch nicht allzu einfach zu realisieren. Und das stimmt auch, wenn Marktteilnehmer der Überzeugung sind, all diese Entwicklungen mit Inhouse-Lösungen bewerkstelligen zu können. Aufgrund der starren Struktur von gewachsenen Konzernen – besonders in der Immobilienwirtschaft – ist dies in der Tat äußerst schwer abzubilden. Glücklicherweise gibt es aber die Option, sich mit externer Innovation einzudecken. Die Tausende von Start-ups, PropTechs und ConTechs, die in Europa aus dem Boden sprießen, liefern im Zweifel genau den respektlosen Elan, auch mal etwas „anders" zu machen, und damit die innovative Lösung, die in konkreten Fällen vonnöten ist. Die Immobilienbranche hat hierbei sogar einen relevanten Vorteil: Während Start-ups in anderen Wirtschaftszweigen in der Lage waren, disruptive Veränderungen durch digitalisierte Produkte hervorzubringen und bisherige Marktführer im Kern obsolet zu machen, bleiben Immobilien nach wie vor ein analoges Asset. Daher sind die „jungen Wilden" in den meisten Fällen auf eine Kooperation mit den „alten" Wirtschaftsteilnehmern angewiesen und werden nur zu gerne Kooperationen eingehen.

Wenn man schon mit jungen, schnell wachsenden Unternehmen operativ zusammenarbeitet, was für jeden Player unbedingt ratsam ist, stellt sich die Frage, wie man in noch höherem Maße davon profitieren kann. Beteiligt man sich an deren Wertsteigerung, ist man in der Lage, eine doppelte Rendite einzufahren, und erhält als Investor im CapTable – also als eigenkapitalgebender Minderheitsgesellschafter – auch eine privilegierte Ausgangsposition für eine eventuelle spätere Übernahme in den Konzern, wodurch es möglich ist, zukunftsweisende Technologien und Lösungen zu integrieren, sich selbst zu verjüngen und sich somit gegenüber der Konkurrenz einen klaren Wettbewerbsvorteil zu schaffen.

Diese Kombination aus operativer und strategischer Kooperation gilt als Königsdisziplin der externen Innovation und wird traditionell über drei mögliche Wege erreicht. Zunächst einmal besteht die Möglichkeit der direkten Beteiligung aus der Unternehmensbilanz an einzelnen PropTechs/ConTechs, wodurch man wie eben beschrieben sowohl operativ als auch von der Wertsteigerung der Start-up-Anteile profitiert. Während diese Strategie zu Beginn nicht per se falsch ist, stößt sie doch in der Praxis sehr schnell an Skalierungsgrenzen, denn die meisten Unternehmen schaffen für ein solches Investmentvorhaben keine dedizierten Personalressourcen, sondern hängen das neue „Hobby" einem thematisch vermeintlich benachbarten Bereich (Head of Innovation, M&A, IT et cetera) zusätzlich um. In junge Unternehmen zu investieren ist jedoch der einfachere Teil der Aufgabe eines Investors. Mit dem wachsenden Portfolio zu arbeiten ist der deutlich anstrengendere, denn dies bindet zunehmend Personal und erfordert auch spezifische Skills, die nicht unbedingt denen der klassischen Konzernressource entsprechen.

Diesem Defizit kann durch die zweite, weit komplexere Option Abhilfe geschaffen werden: den Aufbau eines eigenen Corporate-Venture-Fonds, welcher ein professionelles, mehrköpfiges Investment-Team beschäftigt und sich dann strukturiert eine Vielzahl von Start-ups ansieht, diese bewertet und entsprechend den eigenen strategischen Zielsetzungen ein Portfolio an Unternehmen mit relevanten Lösungen aufbaut.

Während die zweite Möglichkeit also bereits eine professionellere Variante der Beschäftigung mit externer Innovation darstellt, birgt sie allerdings einen entscheidenden Nachteil: Start-ups – besonders die erfolgversprechendsten – sind sich der Gefahr der strategischen Einflussnahme der Unternehmen „hinter" dem Corporate-Venture-„Fonds" – oftmals gibt es diesen ja gar nicht, sondern es wird noch immer aus der Bilanz mit Einzelgenehmigung des C-Levels investiert – nur allzu sehr bewusst. Zudem scheuen sie sich vor dem Lock-out-Effekt, der mit der Beteiligung eines Konzerns auf dessen Konkurrenten einhergeht: Andere Marktteilnehmer haben nach dem Investment ein wesentlich geringeres Interesse, mit einem Start-up zusammenzuarbeiten, dessen Gesellschafter als Wettbewerber von ihrem Geschäft profitiert, ganz zu schweigen von den unternehmensinternen Daten, die sie dadurch offenlegen.

Abhilfe kann hier die dritte Variante schaffen: das Investment in einen externen Venture-Capital-Fonds. Einerseits schafft dieser genauso wie ein hausinterner Fonds eine differenzierte Abbildung der auf dem Markt vorhandenen Lösungen und verschafft eine Pole Position für direkte Co-Investments oder spätere Übernahmen, andererseits vermeidet er die adverse Selektion, die von einem

Corporate-Venture-Fonds *per definitionem* ausgeht. Dem Investor eines externen VC-Fonds winkt somit eine finanzielle Rendite wie auch der strukturierte Zugang zu einer Vielfalt an innovativen Konzepten, Geschäftsmodellen und Technologien, die durch Inhouse-Bestrebungen schlichtweg nicht in dieser Breite und Geschwindigkeit erarbeitet werden können.

Für welchen Weg sich tradierte Immobilienunternehmen auch entscheiden mögen, für die eigene langfristige Perspektive ist es unumgänglich, zunächst die bedeutenden übergreifenden Veränderungen in der Gesellschaft, auf den Kapitalmärkten und beim Nutzer zu erkennen und als Chance für das eigene Geschäftsmodell beziehungsweise dessen Ausbau zu begreifen. Im zweiten Schritt gilt es, eine eigene, wohlüberlegt strukturierte Unternehmensstrategie zu entwickeln, die in jedem Fall zumindest die Kooperation mit Start-ups, besser noch Investments in diese und im besten Fall eine systematische Abbildung der erfolgversprechendsten Modelle auf dem Markt beinhaltet.

Raphael Gielgen

Neue Denkräume schaffen für die nächste Wissensgesellschaft

Gesteigerte Produktivität, Kreativität und Konnektivität sind die Kräfte, um globalen Herausforderungen nachhaltig zu begegnen. Arbeit verbindet Menschen und trägt entscheidend dazu bei, eine bessere Welt zu schaffen. So weit die Theorie. Die Wochen und Monate im Zeichen der Pandemie zeigen uns nun, was Störfelder, Unsicherheiten und Unerwartetes in uns bewirken. Jeder wünscht sich eine Glaskugel, um in die Zukunft schauen zu können – etwas, das uns unser lineares Denken quasi unmöglich macht. Warum? Weil wir alle in alltäglichen Mustern verwurzelt sind. Zu den Top-Kompetenzen und Qualifikationsgruppen, die Arbeitgeber bis 2025 als zunehmend wichtig erachten, gehört ein Skill-Set aus kritischem Denken, Analysieren sowie Problemlösen und Fähigkeiten im Selbstmanagement wie aktives Lernen, Belastbarkeit, Stresstoleranz und Flexibilität.

Mit der Pandemie als einem Katalysator, der unsere Systemschwächen und mangelnde Fitness für die Zukunft offenlegt, entsteht ein Momentum, das wir als Chance begreifen sollten. Wir müssen verstehen, dass wir insbesondere in Zeiten erheblicher Unsicherheit nicht *eine* mögliche Zukunft planen müssen, sondern viele Alternativen. Geistige Beweglichkeit wird also der entscheidende Wettbewerbsvorteil der kommenden Zeit.

Vorausschauendes Framing

Essenziell für die „Zukunft der Arbeit" ist vorausschauendes Framing. Als Gesellschaft haben wir gründlich verlernt, uns mit Problemen und Herausforderungen inhaltlich zu befassen. Die Vergangenheit war geprägt durch schnelles Feedback und Ad-hoc-Antworten. Doch für eine erfolgreiche Veränderung ist die durchdachte Definition eines Problems entscheidend. Ohne entsprechende Fragen und Denkweisen gibt es keine Gewissheit über die angemessene Fokussierung auf das richtige Thema. Die Fähigkeit, eine Problemstellung einzugrenzen oder zu beschreiben, ist wesentlich, um Lösungsoptionen zu bestimmen und daraus Business-Potenziale abzuleiten. Und das geht sehr weit über reines Fach- und Faktenwissen hinaus. Meine Arbeit der vergangenen Jahre hat mir vor Augen geführt, dass die Zukunft – und sei es auch nur der nächste Tag – nicht von einem einzelnen Helden geprägt ist. Vor uns liegt eine Dekade, die uns mit einer Vielzahl von Herausforderungen konfrontieren wird, die wir so noch nicht kennen. Gleichzeitig können wir diese Zeit nutzen, um auf Basis der mit den Herausforderungen verbundenen gesellschaftlichen Verpflichtungen etwas Einmaliges zu schaffen. Dazu gehört es, als Unternehmen, Organisation und Team die Grenzen des eigenen Verständnisses grundsätzlich und systematisch zu erweitern und offener zu werden für alles, was nicht Teil der täglichen Agenda ist. Wir werden lernen, die Vielzahl unserer neuen Erfahrungen schneller zu synthetisieren und so als Gestalter der eigenen Zukunft Risiken und Chancen in mutige Strategien zu integrieren.

Strategisches Mindset

Ein strategisches Mindset beginnt im Wesentlichen damit, Suchmuster zu beschreiben und die richtigen Fragen zu stellen. Verschiedene Gespräche und Veranstaltungen der letzten Zeit haben gezeigt, dass Unternehmen überall auf der Welt nach zwei Mustern agieren: Die einen versuchen intuitiv, spontan umsetzbare Lösungen zu finden, ohne dabei allerdings die anstehenden Fragen zu beantworten; dabei behandeln sie die Probleme nur oberflächlich. Die anderen sitzen Entscheidungen einfach aus. Die Aufgabe wird also sein, Raum für Fragen zu schaffen, einen strategischen Dialog und transformatives Denken zu etablieren.

Dieser Dialog generiert neue Ideen und Geschäftspotenziale, und wir als Gesellschaft trainieren bei diesem Prozess neue „Muskelgruppen", die wir spielen lassen können, damit das Neue in die Welt kommt. Die Entwicklung dieses Mindsets ist viel mehr als nur ein Skill-Set. Jeder von uns kann seine „Zukunft der Arbeit" ein Stück weit selbst gestalten. Ziel ist, die Welt von morgen zu verstehen, neue Muster zu entdecken und daraus Opportunitäten zu bilden. Der Impact wirkt sich positiv auf alle Akteure und ihr Tun aus. Die „Zukunft der Arbeit" gehört dem Kollektiv, und was aus einem Kollektiv heraus entsteht, hat Resonanz – sowohl nach innen als auch nach außen. So entsteht eine unmittelbare Sichtbarkeit bei allen Stakeholdern – smart, beweglich, empathisch und attraktiv, nicht wissenschaftlich und exklusiv, sondern offen, einladend und vor allem wertschöpfend.

Die Infrastruktur für die nächste Wissensgesellschaft

Damit eine Infrastruktur wie eine Stadt oder ein Gebäude in einer neuen Wissensgesellschaft bestehen kann, gilt es diese zu verstehen und zu begreifen. Wie stellen wir uns 2030 eine Zusammenarbeit vor? Wie beschreiben wir 2030 die Art und Weise, wie wir Teams führen und organisieren wollen? Wie wollen wir physische und virtuelle Räume im Jahr 2030 nutzen? Diese Fragen verdeutlichen, dass die vor uns liegende Dekade auf anderen Mustern und Kontexten basiert. Zum einen gibt es eine Vielzahl von Studien und Reports, die diese Zeit beschreiben, und zum anderen gibt es heute schon viele Signale, die auf unterschiedliche Veränderungen hinweisen. Gerne nehme ich Sie mit auf eine Reise in diese Zeit. Über „Was wäre, wenn?"-Fragen können wir gedanklich eine Reise in die Zukunft machen. „Was wäre, wenn"-Fragen öffnen einen Möglichkeitsraum und sind ein wunderbares Instrument, eine vor uns liegende Zeit zu entdecken.

1. Was wäre, wenn die nächste Typologie des Unternehmenscampus/ Headquarters die heutige statische Unternehmenszentrale ersetzte, hoch flexible, vielseitige und städtische oder lokale Gemeinschafts- strukturen umfassend, die menschlich, sozial, inspirierend und erhebend wären?

2. Was wäre, wenn Gebäude keine festen, starren Systeme wären, sondern Optionen für bewegliche Orte enthielten, die Menschen dazu ermutigten, sich aktiv mit ihrer Umgebung auseinanderzusetzen?

3. Was wäre, wenn die Anzahl der Geschäftsreisen sehr gering bliebe? Könnten wir bestehende Hotels in neue Formen von Wohnungs- typologien verwandeln?

4. Was wäre, wenn die aktuelle Immobilienwirtschaft nicht mehr auf dem Konzept statischer Gebäude basierte, sondern durch Modifikationen und Optimierung von Orten angetrieben würde, die sich ständig änderten?

5. Was wäre, wenn nicht die Stadt, sondern das Land kreative Energien konzentrierte und Innovationen förderte und so beschleunigte Karriereentwicklungsmöglichkeiten böte? Würde die Stadt weiterhin als Magnet wirken, insbesondere für die Jugend?

6. Was wäre, wenn der Großteil der Firmenkunden bereit wäre, Nachhaltig- keit in den Mittelpunkt ihres Leasing- und Betriebsansatzes zu stellen?

7. Was wäre, wenn die nächste Volkswirtschaft auf einem sektorübergreifenden Netzwerk basierte, um Menschen mit reichen Fähigkeiten auszustatten, die sie in einer zunehmend ungewissen Zukunft benötigen würden?

8. Was wäre, wenn kognitive Gebäudelösungen die Basis-Tools für das Immobilien- und Gebäudemanagement wären?

9. Was wäre, wenn Planet Centric Design die Norm würde und dadurch eine neue enge Beziehung zur Natur zu fortschrittlichen Formen des Biophilen Designs führte, bei denen Gebäude in einen Dialog mit der Natur und der direkten Umgebung träten?

10. Was wäre, wenn die neuen Orte der Arbeit keinen der bestehenden Standards erfüllten (kein privates Büro, kein offener Arbeitsbereich, kein Konferenzraum und so weiter)? Wie würde das aussehen?

11. Was wäre, wenn 50 Prozent der vorhandenen Büroflächen veraltet wären. Was wäre ihr neuer Zweck?

12. Was wäre, wenn es keine Routineaufgaben mehr gäbe und alles auf individueller Zusammenarbeit und Co-Creation basierte?

13. Was wäre, wenn Teilen statt Besitzen zum neuen Anlagemodell würde? Wie würde sich die bestehende Situation von Investitionen, Büros, Firmennutzern, Einzelhandel, Logistik, Hotels und Wohnen ändern?

14. Was wäre, wenn digitale Technologien uns fortschrittliche Modelle von Mietverträgen ermöglichten? Würden neue kurzfristige Vertragsmodelle neue Eigentumsformen schaffen?

15. Was wäre, wenn Innovation zur Norm würde und Lernen zu einem Bestandteil unseres täglichen Arbeitslebens?

16. Was wäre, wenn wir das Beta-Stadium nie verließen und uns so von dem ständigen Zwang zur Optimierung und Beschleunigung befreien könnten?

17. Was wäre, wenn das Büro zur Universität und zur Bühne würde, auf der wir bei der Arbeit spielten, während alle repetitiven Aufgaben automatisch ausgeführt würden?

18. Was wäre, wenn wir vermehrt branchenübergreifend arbeiten müssten, um die Fähigkeiten zu entwickeln und zu fördern, die wir in einer unsicheren Zukunft benötigen?

19. Was wäre, wenn sich die Abläufe in der Wissensökonomie rapide und kontinuierlich änderten?

20. Was wäre, wenn eine neue Generation bewusster Verbraucher bereit wäre, mehr für Produkte zu bezahlen, die zur Wiederverwendung oder zum Recycling bestimmt sind?
21. Was wäre, wenn die Wirtschaft nicht mehr von der Idee statischer Produkte, sondern von ständiger Optimierung angetrieben würde?
22. Was wäre, wenn sich die Welt um uns in eine einheitliche Cloud verlagerte, sodass jedes physische Objekt und jeder reale Ort seinen digitalen Zwilling hätte?
23. Was wäre, wenn der Cross Industries Campus zu einem Zentrum neuer, vielseitiger und flexibler städtischer Gemeinschaftsstrukturen würde?

Die Infrastruktur für die nächste Wissensgesellschaft ist das ideale Zusammenspiel zwischen Hardware, den Gebäuden also, und Software, dem, was in den Gebäuden stattfindet. Der Wirtschaftshistoriker und Medienwissenschaftler Dror Poleg sagte dazu Ende Januar 2021 in einem Podcast: „Historisch gesehen liebten Investoren Vermögenswerte, die langweilig und standardisiert waren und jedem Platz bieten konnten. In den 2020er-Jahren wird dieser Ansatz nicht funktionieren. Zukünftig werden Gewinnerorte – wie Städte, Büros oder Wohngemeinschaften – solche sein, die mit ‚leidenschaftlicher Intensität' aus einer Perspektive mit direkter Verbindung zu einer bestimmten Gruppe von Menschen und niemand anderem hergestellt werden!" (https://www.drorpoleg.com/wework-and-poetry/)

Die Kunst besteht darin, herauszufinden, welche Faktoren und Größen die Grundlage für die Programmierung dieser Gewinnerorte sind. Die Gewinnerorte für die Wissensarbeit werden andere sein als die Büros, die wir heute kennen. Die Gewinnerorte der Architektur gehen weit über die uns bekannten Typologien und Raumformen hinaus. Die nachfolgenden Aktionsfelder bilden die Grundlage für die Infrastruktur der neuen Wissensarbeit.

Planet Centric Design

Planet Centric Design hat den Schutz der Umwelt entlang der Sustainable Development Goals (SDGs) der Vereinten Nationen im Fokus. Larry Fink schrieb in seinem CEO Letter 2021: „Es gibt kein Unternehmen, dessen Geschäftsmodell nicht fundamental vom Übergang zu einer klimaneutralen Wirtschaft betroffen sein wird. Einer Wirtschaft, die nicht mehr Kohlendioxid ausstoßen wird, als sie der Atmosphäre entzieht. Je stärker sich der Übergang beschleunigt, desto mehr werden sich Unternehmen mit einer fundierten langfristigen Strategie und einem Plan für den Übergang zur Klimaneutralität bei ihren Stakeholdern profilieren. Bei Unternehmen dagegen, die die nötigen Anpassungen auf die lange Bank schieben, werden das Geschäft und die Bewertungen leiden."

Ziel ist es, alle negativen Umweltauswirkungen von Infrastrukturmaßnahmen und Gebäuden durch Effizienz und Pioniergeist bei der Nutzung von Materialien und Energie im Betrieb zu minimieren und damit dem natürlichen Ökosystem insgesamt zu entsprechen. Wie können Gebäude hergestellt, betrieben und instand gehalten werden, die sich nicht nur gut in die natürliche Umwelt einfügen, sondern deren gebaute Form und Betriebssysteme lokale Ökologien und globale biosphärische Prozesse berücksichtigen?

Gebäude und der Hochbausektor zusammen sind bereits heute für 36 Prozent des weltweiten Energieverbrauchs und fast 40 Prozent der gesamten CO_2-Emissionen verantwortlich (Internationale Energieagentur 2017). Bis 2050, wenn die Weltbevölkerung voraussichtlich neun Milliarden erreichen wird, werden schätzungsweise 75 Prozent aller Menschen in Städten leben. 80 Prozent der dann vorhandenen städtischen Infrastruktur sind noch nicht gebaut (Ricky Burdett 2018). Die meisten der heutigen Herausforderungen wurden bereits in den 1970er- und 1980er-Jahren thematisiert und als Herausforderungen zukünftiger Gesellschaften identifiziert (Club of Rome et al.). Die Ressourcenknappheit und die daraus resultierenden Konflikte im Zusammenhang mit Ausbeutungsroutinen und Verteilungskämpfen sowie die anhaltende Belastung der Umwelt insgesamt sind jedoch Bedingungen, die nicht nur vorherrschen, sondern auch in Anzahl und Komplexität rasch zunehmen. Angesichts fortschreitender städtischer Veränderungen sprechen Wissenschaftler, Ökonomen, Geschäftsleute, Beamte und Designer auf der ganzen Welt als Einzelpersonen oder Organisationen ihre gemeinsamen Bedenken hinsichtlich der künftigen Lebensfähigkeit unserer Städte aus. Mit einer Vielzahl von an Planet Centric orientierten Entwurfsprojekten und Untersuchungen erweitern sie die Grenzen ressourceneffizienter Baumaterialien und synergetischer Bauteile.

Die Architektur von Planet Centric Design ist bestrebt, sicherzustellen, dass unsere heutigen Handlungen und Entscheidungen die Chancen künftiger Generationen nicht beeinträchtigen. Sie befassen sich mit den technologischen Möglichkeiten zur Energieeinsparung und ressourcensensitiven Lösungen für

Gebäude. Die Planet-Centric-Design-Architektur fördert Strukturen und Systeme, die nur wenig an nicht erneuerbaren Ressourcen verbrauchen. Zum Einsatz kommen Materialien mit geringen ökologischen Folgen, wie nachhaltig geerntete Hölzer oder recycelter Kunststoff, was Demontage, kontinuierliche Wiederverwendung und das Recycling erleichtern soll. Am Ende ihrer Nutzungsdauer können solche Materialien nahtlos wieder in die natürliche Umgebung integriert werden.

Die Sensibilisierung für die globalen Herausforderungen, denen sich die Menschheit gegenübersieht, wird zu innovativen Ansätzen für eine zunehmende Nutzung von Planet-Centric-Design-Architektur führen und die Auswirkungen der wissensbasierten Wirtschaft auf die gebaute Umwelt verringern. Jeder von uns kann hier mitwirken und den Wandel in eine Planet-Centric-Design-Architektur mitgestalten.

Permanent Beta

Stellen Sie sich eine Version Ihrer 2030er-Arbeitsarchitektur vor – eine Beta-Umgebung. Eine Reihe von Teammitgliedern erkundet den *Co-Creation Space,* eine „Turnhalle des Geistes", für eine letzte Runde von Rückmeldungen, und diese letzte Runde endet nie. Wenn es nie eine endgültige Version Ihres Arbeitsbereichs gibt und alle Tools eine Art Beta-Software sind, wie kann das Konzept der permanenten Betaphase-Innovation Kreativität und Produktivität Ihrer Organisation verbessern?

Die Arbeit in dynamischen Gruppen und Formen ist zu einem wesentlichen Bestandteil jedes wissensökonomischen Unternehmens geworden. Mit dem verstärkten Einfluss sich ständig weiterentwickelnder Technologien auf Arbeitsabläufe und die architektonische Gestaltung von Arbeitsumgebungen haben wir uns daran gewöhnt, kontinuierliche Verbesserungen in immer kürzeren Zeitzyklen und endlosen Lebenszyklen von Beta-Versionen vorzunehmen. Der britische Architekt John S. Bonnington stellte dazu bereits vor einigen Jahren fest, dass „die Beta-Bezeichnung früher bedeutete, dass ein Produkt nicht fertig war. Jetzt wissen wir, dass dies niemals der Fall sein wird, da wir heute in einer Beta-Welt leben. Dies ist ein Hinweis darauf, dass die (fortgeschrittene) Arbeit auf unbestimmte Zeit fortgesetzt wird. Unternehmen wie Microsoft und Apple haben uns geschult, Updates und neue Versionen für immer zu erwarten."

Coworking-Umgebungen wie DesignOffice, WeWork, Beta-House, Collective Works oder St. Oberholz und andere nutzen das Beta-Konzept bereits in großem Umfang. Hier sind Arbeiter per se kreativ. Sie bilden ein verteiltes Qualitätskontrollnetzwerk, das den aktuellen Status ihres Arbeitsbereichs in einem endlosen Prozess bewertet. Da sich die Mitarbeiter bewusst sind, dass sie in einer laufenden Beta-Umgebung arbeiten, ist der Widerstand gegen Veränderungen geringer und es ist einfacher, Menschen dazu zu bringen, sich zu verändern. Die Umgebung wird als noch nicht abgeschlossener Ort anerkannt und kann sich daher jederzeit ändern.

Tim O'Reillys Konzept von Perpetual Beta (2009) – oder dem, was er als „Bananenprinzip" bezeichnet – beschreibt die Aufbewahrung von Software in der Beta-Entwicklungsphase über einen längeren oder unbestimmten Zeitraum. In ähnlicher Weise liegt die Stärke der Beta-Arbeitsumgebung in ihrer Einfachheit, das Widerstandsniveau zu senken und jemanden davon zu überzeugen, nicht nur sein Verhalten zu ändern, sondern auch die unmittelbare Umgebung entsprechend anzupassen. Infolgedessen unterstützt und repräsentiert das Konzept der permanenten Beta einen unmittelbaren und agilen Ansatz für die Entwicklung, Inszenierung und Organisation der Arbeit.

Das Konzept der permanenten Beta umfasst die ständige Verbesserung durch das Feedback der Benutzer. Um diese Idee zum Nutzen des Unternehmens und seiner Teams zu konzipieren, sind Beta-Umgebungen erforderlich. In einer Beta-Umgebung übt der Mitarbeiter immer Einfluss auf den Arbeitsbereich aus, der noch nicht fertig ist. In der Beta-Umgebung werden dem Arbeitsbereich ständig neue Features und Funktionen hinzugefügt, ohne dass ein endgültiger „stabiler" Zustand hergestellt wird. Die Beta-Umgebung kann mit einer sehr leichten Benutzeroberfläche verglichen werden. Herkömmliche Arbeitsbereiche leiden, je mehr Menschen sie verwenden, aber das Design einer Beta-Umgebung wird umso wertvoller, je mehr Menschen sie verwenden. Unter diesen Umständen vertraut das Unternehmen dem Mitarbeiter als Co-Designer.

Co-Creation

Wie können wir attraktive Gebäude und Arbeitsbereiche schaffen, die zukünftige dynamische „Routinen" und die Idee von aufstrebenden Unternehmenkunden-Communitys fördern? Diese Erfahrungen, die auf der Basis von gemeinsamen Entwicklungen basieren, werden zu einer wichtigen Grundlage für die Wertschöpfung werden.

Die zunehmende Vernetzung hat einen Paradigmenwechsel vom Lieferanten- zum Kundenmarkt gefördert. Diese Änderung hat die Modelle der Wertschöpfung erheblich verändert. Die Bedeutung von Wert und der Prozess der Wertschöpfung wandeln sich rasch von produkt- und unternehmensorientierten Ansichten zu personalisierten Kundenerlebnissen. Informierte, vernetzte und aktive Kunden schaffen zunehmend gemeinsam Wert im Unternehmen.

Unternehmen müssen sich nach außen öffnen und die Privat-Perspektive um die Public- und Semipublic-Perspektive ergänzen. Damit einher gehen neue Muster in den Lebensstilen der Wissensgesellschaft. Die Öffnung der Organisation und die damit verbundene Beteiligung von Kunden an der Entwicklung der Organisation unterstützen die Ambidextrie. Die Qualität vielfältiger Interaktionen mit Dritten geben etablierten Unternehmen einen enormen Spielraum in ihrer Entwicklung und fördern Veränderung. Gemeinsame Erfahrungen (mit Kunden und Dritten) sind die Grundlage für die Lernfähigkeit der Unternehmen und der Schlüssel zur Erschließung neuer Quellen für Wettbewerbsvorteile. Folglich wird es für das Unternehmen zu einer Herausforderung, herauszufinden, mit wem neue Technologien und Produkte entwickelt werden sollen. Innovation kann in dieser Hinsicht Technologien, Produkte oder Prozesse betreffen und stammt aus verschiedenen Kulturen und Altersgruppen, die in einer kurz- oder langfristigen Gemeinschaft „zusammenarbeiten".

Das Medium für diese Vorgehensweise ist der physische Raum, der diese Art der Exploration mit Kunden unterstützt und vollständige Mitgestaltung ermöglicht. Diese Arbeitsumgebungen spiegeln den Dialog, den Zugang, die Chancen, Risiken und die Transparenz wider und fördern sie. Über diese dynamischen Routinen der Arbeitsumgebung hinaus definiert der Co-Creation-Workflow neu, was Marktentwicklung und Wertschöpfung bedeuten. Die Architektur der Arbeit wird zum Forum für Co-Creation-Erfahrungen.

Die Etablierung von Firmenräumen als natürliche Erweiterung der Stadt schafft Nachbarschaften und Nähe zwischen Kunden und Firmenmitgliedern im Kontext kreativer Prozesse. Die Bereitstellung eines physischen Ortes – attraktiv und offen für alle, die sich für das Unternehmen interessieren – lädt neue Kunden ein und schafft Vertrauen, um mit ähnlich interessierten Köpfen in Kontakt zu treten. Diese Nähe zu den Kunden bildet die Grundlage für eine gemeinsame Erzählung und das Verfolgen gemeinsamer Ziele. Innerhalb dieser Prozesse verstehen und vereinbaren alle Beteiligten die zu bewältigende Herausforderung und sind motiviert, persönliche Stärken, Fähigkeiten und Kenntnisse in die Entwicklung einer Lösung einzubringen.

Architektur, die räumliche Merkmale der Konnektivität anstrebt, übersetzt soziale Bedingungen in physische Formen, die intimere menschliche Interaktionen und Beziehungen stimulieren können. Durch die Berücksichtigung räumlicher Kontinuität und Transparenz werden sowohl visuelle als auch physische Beziehungen innerhalb des Unternehmens und zu seinen Kunden hergestellt. Technologien, Produkte und Prozesse, die die Möglichkeit zufälliger Begegnungen und gelegentlicher Interaktionen erhöhen, ermöglichen es den Menschen, kurze spontane Gespräche zu führen und so informell Ideen auszutauschen. Obwohl dies allgemeine und gemeinsame Prinzipien sind, liegt es im Detail jeder einzelnen Kundengemeinschaft, wie diese räumlichen Merkmale im Einzelnen erreicht werden können. Durch die Auswahl einer Infrastruktur können digitale und analoge Umgebungen nahtlos zusammengeführt werden.

Meine große Leidenschaft für den nächsten Tag, für die Rebellen und Pioniere einer neuen Zeit ist schließlich die Lust, den Status quo zu hinterfragen, Ideen zu spiegeln – und das in grenzenloser Vorstellungskraft. So schaffen wir neue Denkräume, verwischen und überschreiten effektiv Grenzen und arbeiten nicht an einem Projekt, sondern an einem Programm ohne Enddatum: der Zukunft der Arbeit.

Yasmin Weiß

Büro der Zukunft: dynamisches Ökosystem für Kooperation und Lernen

Die weltweite Covid-19-Pandemie wird bleibende Auswirkungen auf das Büro und die Anwesenheit von Mitarbeitern dort haben. Bereits in den Jahren vor dem Corona-Ausbruch haben sich Arbeitswelt und -umgebungen verändert: Der begonnene Trend geht klar zu offeneren, flexibleren, individualisierbareren Büros, Kreativräumen, Räumen für zufällige, interdisziplinäre Begegnungen, unternehmensübergreifenden Coworking Spaces sowie mobilem Arbeiten. Die Krise wirkt wie ein zusätzlicher Brandbeschleuniger für diesen mehrdimensionalen Veränderungsprozess. Weitere Treiber für die Transformation des Büros sind fortwährende Megatrends wie der Wertewandel in der Gesellschaft, der gestiegene Wunsch nach einer besseren Vereinbarkeit von Beruflichem und Privatem, die Sensibilisierung für die Bedeutung von Gesundheit sowie die Digitalisierung. Aus der Zeit gefallen erscheinen hingegen Büroräume, die aus langen, schmucklosen Gängen zu abgetrennten Einzel- oder Großraumbüros mit festen Möbeln bestehen, in denen Menschen aus inhaltlich homogenen Fachbereichen und Disziplinen zusammenarbeiten und dort an fünf Tagen pro Woche ihre Arbeitszeit verbringen. Arbeiten wird zukünftig immer mehr das sein, was wir *tun*, nicht mehr, wohin wir *gehen*. Somit ist die Transformation in das Büro der Zukunft in vollem Gange. Die Anforderungen, die ein zeitgemäßes, an den Bedürfnissen moderner Menschen ausgerichtetes Büro auszeichnen, erfordern eine holistischere Sicht auf das Büro der Zukunft: Gefragt ist ein dynamisches, technologiebasiertes Ökosystem für effiziente und effektive Kooperations- und Lernprozesse, das stark auf neuen Technologien basiert und zugleich den Menschen mit seinen vielfältigen Bedürfnissen und diversen Rollen in den Mittelpunkt rückt. Wie dieses Büro der Zukunft aussehen kann, skizziert dieser Beitrag.

Hybrides Arbeiten wird zum neuen Standard

Seit Ausbruch der Pandemie erleben wir das größte Home-Office-Experiment der Geschichte – und das weltweit. Dadurch wurde eine breite Erfahrungsbasis geschaffen, wie und unter welchen Rahmenbedingungen Home Office funktioniert und wo die Chancen, aber auch die Grenzen der Arbeit von zu Hause aus liegen. Schon jetzt deuten die Erkenntnisse darauf hin, dass sich in Zukunft „hybrides Arbeiten", das heißt eine Mischform aus Arbeiten in den Büros des Arbeitgebers und im Home Office, herauskristallisieren wird. Ziel dieser neuen Form des hybriden Arbeitens ist, die jeweiligen Vorteile des Arbeitens im Büro und von zu Hause aus bestmöglich miteinander zu verbinden und Nachteile zu minimieren. Das „klassische" Büro des Arbeitgebers wird demnach von anderen Arbeitsorten wie dem Home Office *ergänzt*, jedoch *nicht vollständig ersetzt* werden. Denn für bestimmte Aufgaben wie das Onboarding neuer Mitarbeiter, das Netzwerken, das persönliche Kennenlernen, vertrauliche Gespräche sowie für den kreativen Austausch werden das Büro und physische Treffen vor Ort weiterhin unverzichtbare Bestandteile sein.

Gerade das Thema Vertrauensaufbau erfordert auch in Zukunft das physische Zusammentreffen von Menschen in regelmäßigen Abständen. Denn wenn Menschen ausschließlich über digitale Kanäle in Kontakt treten und rein virtuell kommunizieren, kommt es weniger zu vertrauensvollem Small Talk und informellem Kennenlernen des Gegenübers. Diese Elemente des sozialen Austauschs sind jedoch wichtig, damit tieferes Vertrauen entstehen kann – eine wesentliche Voraussetzung wiederum für effektive Kooperation, soziale Lernprozesse, Austausch und Weitergabe von Wissen und damit schlussendlich für Innovation.

Büroräume fungieren als „Hub and Home"

Für das Büro der Zukunft bietet sich ein sogenanntes „Hub and Home"-Prinzip an. Damit sind zwei zentrale Funktionen angesprochen, die durch die physischen Räumlichkeiten des Arbeitgebers erfüllt werden sollten: Die Hub-Funktion bezieht sich auf das Ziel, Räume so zu gestalten, dass persönliche Vernetzungsprozesse, der kreative Austausch sowie das Lernen voneinander gefördert werden können. Gleichzeitig aber sollte das Büro der Zukunft auch eine berufliche Heimat – Home – widerspiegeln, mit der man sich identifiziert und verbunden fühlt. Die Räumlichkeiten sollten demnach so gestaltet sein, dass eine

Art berufliches „Heimatgefühl" gefördert wird: eine Heimat, in die man gerne zurückkehrt und deren Luft man gerne schnuppert. Eine Heimat, die man vermisst, wenn man länger nicht mehr dort gewesen ist. Eine Heimat, die sich angenehm und vertraut anfühlt. Eine Heimat, in der man sich willkommen und verstanden fühlt. Eine Heimat, in der die persönlichen Bedürfnisse Berücksichtigung finden. Hier kommt die „Corporate Architecture" ins Spiel, die die emotionale Bindung zum Arbeitgeber, das Zugehörigkeitsgefühl, die Kultur und zugleich die positive Differenzierung von anderen Arbeitgebern fördert.

Ökosysteme statt starrer Räumlichkeiten und Wissenssilos

Das Büro der Zukunft, das den Anforderungen des digitalen Zeitalters mit seiner Hyperkonnektivität und -komplexität gerecht wird, muss wie ein dynamisches Ökosystem funktionieren. Unter einem Ökosystem wird in diesem Kontext das Zusammenspiel von diversen Einzelelementen wie Menschen, Arbeitsumgebungen und -mitteln verstanden, die sich dynamisch neuen Aufgaben anpassen, agil auf Anforderungsveränderungen reagieren, Synergien realisieren und gegenseitig befruchten. Noch nie waren Veränderungsgeschwindigkeit und -intensität der Arbeitswelt und damit die Komplexität so hoch wie gegenwärtig. Insbesondere Technologiesprünge, Marktveränderungen und die hohe Volatilität der Weltmärkte sorgen dafür, dass neue Formen von Kooperation und Lernprozessen etabliert werden müssen. Die Ausgestaltung von Büros beeinflusst in hohem Maße, in welcher Form Teams zusammenarbeiten und voneinander lernen. Sie wirkt sich auch auf die Kommunikation, die Unternehmens- und Zusammenarbeitskultur, das persönliche Wohlbefinden und damit direkt auf die Innovationskraft und Leistungsfähigkeit von Belegschaften aus. Der „weiche" Faktor Bürogestaltung wird damit zur harten Währung. Folgende konkrete Ansätze existieren, um aus dem klassischen Büro ein „dynamisches Ökosystem" zu machen:

- ◆ Zum einen können sogenannte **Dynamic Spaces** eingerichtet werden, also Räume, die durch variable Ausstattung, Mobiliar und flexible Größengestaltung immer wieder an neue Aufgaben, Anforderungen und Situationen angepasst werden können. Von teamübergreifenden, interdisziplinären Brainstorming-Sessions, vertraulichen Gesprächen in kleiner Runde hin zu wichtigen Kunden-Meetings: In „Dynamic Spaces" passen sich die Räumlichkeiten den jeweils zu erfüllenden Aufgaben an mit dem Ziel, die Effektivität und Effizienz der Arbeit durch optimale Raumgestaltung zu fördern.

◆ Zum anderen sollte das Büro der Zukunft einen modernen **Multi-Space**-Ansatz widerspiegeln. Gemeint sind damit verschiedene Bereiche, die auf spezifische Nutzungssituationen zugeschnitten sind: Dazu zählen beispielsweise ausgewiesene Ruhebereiche für konzentriertes individuelles Arbeiten, Bereiche für bewusste Entspannung und Ausruhen, Areale für den offenen Austausch zwischen Teamkollegen oder auch für Konferenzsituationen.

◆ Darüber hinaus sollten auch **Creative Spaces** geschaffen werden, in welchen der offene und kreative Wissensaustausch gefördert wird. Um dies zu erreichen, sollten die Räumlichkeiten drei wesentliche Aspekte gezielt unterstützen: die Kommunikation, die Interdisziplinarität und die Serendipität, den glücklichen Zufall also. Creative Spaces werden demnach gezielt als Orte ausgestaltet, an denen Menschen aus unterschiedlichen Disziplinen und Organisationseinheiten einander begegnen und sich untereinander austauschen können. Serendipität beschreibt das Prinzip einer nicht vorhergesehenen Entdeckung oder Idee. Es geht also bei Creative Spaces um die Förderung neuer Ideen, des Zufalls, das Zusammenführen von Menschen mit diversen Hintergründen und Erfahrungen. Dies wird auch durch wechselnde Arbeitsorte mit unterschiedlichen Designs, Stimmungen und Funktionalitäten gefördert, die stimulierend auf das Gehirn und damit auf die Innovationskraft wirken.

Technologiefokus bei gleichzeitiger Humanisierung der Arbeit

Das Büro der Zukunft ist auch durch einen ausgeprägten Technologiefokus geprägt, der nicht Selbstzweck ist, sondern zu einer stärkeren Humanisierung der Arbeit beiträgt und zugleich die Produktivität und Arbeitsergebnisse fördert. Das Wohl und das Wohlbefinden der Menschen im Büro werden dabei durch die eingesetzte Technologie gefördert und nicht reduziert. So kann beispielsweise durch geeignete Technologie die Temperatur, Beleuchtung, Akustik, Stimmung oder sogar der Duft an die aktuelle Aufgabenstellung oder die Bedürfnisse der Menschen angepasst werden. Denkbar sind auch anpassungsfähige Möbel, die genau die Funktion erfüllen, die in der konkreten Arbeitssituation benötigt wird, Fenster, die helle Räume bei Präsentationen automatisch verdunkeln oder in der dunklen Jahreszeit die Lux-Zahl erhöhen. Möglich sind zudem smarte Türsysteme, die einen fließenden Übergang zwischen Außenbereich und Innenbüro herstellen und je nach Wetterlage und Arbeitssituation offen oder geschlossen bleiben können.

Ein weiterer Trend, den wir in den kommenden Jahren verstärkt sehen werden, ist der Einsatz von Augmented und Virtual Reality im Büro. Durch diese neue Technologie wird es möglich sein, mit einem persönlichen „Avatar" virtuell „vor Ort" zu sein. Damit kann es gelingen, die Vorteile der virtuellen Zusammenarbeit mit den Vorteilen einer persönlichen Zusammenarbeit zu kombinieren, auch wenn letztere nur simuliert wird.

Der Arbeitsplatz der Zukunft ermöglicht zudem eine bessere Vereinbarkeit von beruflichen und privaten Bedürfnissen. Work-Life-Blending lautet das Stichwort, bei dem auch die Grenzen zwischen Berufs- und Privatleben verschwimmen werden. Das hat folgende Konsequenz: Wenn Arbeit und freie Zeit zunehmend verschmelzen und zudem von festgeschriebenem Raum und Zeit entkoppelt sind, gibt es wenig Gründe, warum das Büro zwingend so aussehen muss wie ein reines Büro und das Wohnzimmer wie ein reines Wohnzimmer. Vielmehr sollten die Räumlichkeiten so ausgestaltet werden, dass sich die Menschen wohlfühlen und ihre beruflichen und privaten Rollen und Bedürfnisse bestmöglich miteinander kombinieren können. Hierzu zählt, dass das Büro der Zukunft auch Unterstützungsangebote für vornehmlich private Bedürfnisse wie Kinderbetreuung, Eldercare oder Einkaufs- und Wäscheservice vorhält. Denn das Büro der Zukunft muss auch an den Bedürfnissen der Mitarbeiter der Zukunft ausgerichtet sein. Und nachfolgende Generationen werden immer mehr die Themen der Vereinbarkeit von Privatleben und Beruf, Nachhaltigkeit und Flexibilität nachfragen.

Christian Huttenloher

Das Quartier als Handlungsebene für Klimaschutz im Gebäudebestand

Auch wenn seit Anfang des Jahres 2020 die Corona-Pandemie alles überschattet, gibt es langfristig eine noch weit größere Gefahr für die Menschheit: den Klimawandel. Insofern haben die jungen Aktivistinnen und Aktivisten von „Fridays for Future" weiterhin Recht. Sie machen sich vielleicht nicht immer bewusst, was bereits angestoßen wird und wie groß die Hemmnisse und Zielkonflikte in der praktischen Umsetzung sind. Doch wenn wir so weitermachen wie bisher, werden wir in den nächsten 30 Jahren nicht annähernd klimaneutral werden. Eine Erderwärmung von mehr als 2 Grad Celsius wird nicht nur zu enormen Kosten führen, sondern geopolitische Krisen und Konflikte dramatisch verschärfen und ist damit weit gravierender als der Aufwand für Klimaschutz.

Auch im Gebäudebestand, der gut ein Drittel der CO_2-Emissionen verursacht, kommt der Klimaschutz noch nicht ausreichend schnell voran. Wir müssen die Anstrengungen erheblich steigern und uns wohl endlich bewusst machen, dass wir vor einer Jahrhundert-, wenn nicht gar vor einer Jahrtausendaufgabe stehen. Denn neben erheblichen Energieeinsparungen muss die komplette Wärme- und Warmwasserversorgung auf erneuerbare Energien umgestellt werden. Notwendig wären dafür integrierte und flexible Maßnahmenkombinationen aus Wärmeschutz und CO_2-freier Energieversorgung. Diese lassen sich in einem räumlichen Quartierszusammenhang weit besser erreichen. Erfolgversprechende Handlungsansätze sind zwar vorhanden, erzielen aber noch lange keine Breitenwirkung. Denn die Politik mit ihrem Rechts- und Förderrahmen laviert bisher zu lange herum, um ein stimmiges Gesamtkonzept aus einem Guss bieten zu können. Zudem dominiert zu einseitig die Maxime „Efficiency first" – also maximaler Wärmeschutz anstelle integrierter Quartierslösungen mit allen verfügbaren Hebeln. Doch auch Immobilienwirtschaft sowie Eigentümer und Eigentümerinnen agieren zu zögerlich für den notwendigen Modernisierungsschub und begründen dies mit fehlender Planungssicherheit durch den aktuellen politischen Rahmen.

Klimaneutraler Gebäudebestand bis 2050

Das Bundes-Klimaschutzgesetz (KSG) vom Dezember 2019 hat bis 2050 Treibhausgasneutralität festgeschrieben und bis 2030 für alle Sektoren ambitionierte Zwischenziele für die Dekarbonisierung gesetzlich verankert. Der Gebäudesektor muss seine Emissionen von derzeit 122 auf 70 Millionen Tonnen CO_2 im Jahr 2030 senken.[1] Dabei zählen nur direkte Einsparungen in den Gebäuden und nicht die Dekarbonisierung von Wärmenetzen, die zur Energiewirtschaft hinzugerechnet werden. Zwar hat sich der Treibhausgasausstoß seit 1990 um etwa 40 Prozent verringert und im Jahr 2018 wurden die Zwischenziele für 2020 bereits erreicht,[2] aber dies lag zu einem Teil an den umfassenden Bestandssanierungen in den neuen Bundesländern. Aktuell stagniert die Sanierungsrate weiter bei knapp 1 Prozent, müsste zur Zielerfüllung aber je nach Szenario auf 1,5 bis 3 Prozent steigen.[3] Ziele und aktuelle Aktivitäten passen also nicht zusammen – auch nicht bei Berücksichtigung der Maßnahmen im Rahmen des Klimaschutzprogramms 2030 der Bundesregierung.[4] Die Differenz zwischen aktuellem Entwicklungstrend und Zielvorgaben ist dabei für den Wohngebäudesektor sogar noch größer als beim Gebäudesektor insgesamt, wie das Deutsche Institut für Wirtschaftsforschung in seinem Wärmemonitor 2019 aufzeigt.[5]

Sozialverträgliche und wirtschaftliche Bestandssanierung

Um annähernd klimaneutrale Gebäude zu erreichen, muss der Gebäudebestand umfassend und tiefgreifend energetisch ertüchtigt werden. Denn für den Neubau sind mittlerweile hohe Effizienzstandards vorgeschrieben, die von vielen neu errichteten Gebäuden – unterstützt durch Förderung – sogar übertroffen werden. Doch allein damit werden wir die Klimaschutzziele nicht erreichen. Denn

---

1 Vgl. KSG, Anlage 2 zu § 4.
2 Im Jahr 2018 lag der CO_2-Ausstoß des Gebäudesektors mit 117 Millionen Tonnen CO_2 bereits unter der politischen Zielmarke von 120 Millionen Tonnen CO_2 für das Jahr 2020. Dann stieg die Emissionsmenge im Gebäudesektor 2019 aber wieder auf 122 Mio. Tonnen – auch wegen der niedrigen Heizölpreise (UBA 2020b). Für 2020 liegen noch keine endgültigen Zahlen vor, die aber durch die Corona-Effekte ohnehin schwer vergleichbar wären.
3 Vgl. dena 2019: 7; BMWi 2020: 35; sowie EUKOM 2020.
4 Bundesregierung (2019): Das Klimaschutzprogramm 2030.
5 DIW (2019): Wärmemonitor 2019: Klimaziele bei Wohngebäuden trotz sinkender CO_2-Emissionen derzeit außer Reichweite. Internetbeitrag; https://www.diw.de/de/diw_01.c.799802.de/publikationen/wochenberichte/2020_40_1/waermemonitor_2019__klimaziele_bei_wohngebaeuden_trotz_sinkender_co2-emissionen_derzeit_ausser_reichweite.html.

ein Großteil unserer heutigen Gebäude wird auch 2050 noch stehen. Selbst wenn wir den Neubau der letzten zehn Jahre von 2,4 Millionen Wohneinheiten 30 Jahre lang fortschreiben würden, sind dies nur gut sieben Millionen neue Wohnungen, bei einem aktuellen Bestand von knapp 42 Millionen Wohneinheiten.[6] Die meisten Neubauten sind zudem zusätzliche Gebäude und kein Ersatzneubau.

Für einen klimaneutralen Gebäudebestand bis 2050 müssen die Energieverluste so weit wie möglich reduziert und CO_2-freie Energien für die verbleibende Wärme- und Warmwasserversorgung eingesetzt werden. Maximale Wärmeschutzstandards um jeden Preis sind dafür allerdings weder wirtschaftlich noch sozial oder baukulturell der richtige Weg, wenngleich das Dogma des „Efficiency first" vor allem von der Umweltseite oftmals mantraartig wiederholt wird. Gerade die sehr hohen Investitionskosten für hocheffiziente Wärmeschutzmaßnahmen lassen sich aus den eingesparten Energiekosten bislang in den wenigsten Fällen refinanzieren. Bei Mietwohnungen sind warmmietenneutrale Modernisierungen die Ausnahme. Entweder verlangen Vermietende nicht die zur Refinanzierung notwendige Modernisierungsumlage, womit sie unwirtschaftlich handeln würden. So lassen sich zwar wenige hoch ambitionierte und zumeist querfinanzierte oder subventionierte Leuchtturmprojekte realisieren, eine komplette Sanierung des Bestands ist zu diesen Bedingungen aber nicht darstellbar. Oder aber Vermietende schöpfen die wirtschaftlich notwendige Modernisierungsumlage aus, womit die Kaltmiete deutlich stärker steigt, als es sinkende Energiekosten kompensieren könnten. Das wiederum übersteigt die Zahlungsfähigkeit und die Akzeptanz vieler Mieterinnen und Mieter. Gerade in angespannten Wohnungsmärkten sind energetische Modernisierungen dadurch in Verruf geraten und führen zur Verdrängung einkommensschwächerer Haushalte.

Große Förderlücke zur warmmietenneutralen Sanierung

Eine gemeinsame Durchschnittsberechnung für energetische Sanierungen auf Neubauniveau von GdW und Deutschem Mieterbund kommt zum Ergebnis, dass sich ohne Berücksichtigung von Förderung nur maximal ein Drittel der modernisierungsbedingten Mieterhöhung durch die Einsparung der Energiekosten

---

6 Eigene Auswertung nach https://de.statista.com/statistik/daten/studie/39008/umfrage/baufertigstellungen-von-wohnungen-in-deutschland/; und Statistisches Bundesamt (2019): Gebäude und Wohnungen.

kompensieren lässt. Bei der aktuellen deutschlandweiten Durchschnittsmiete von 6,50 Euro pro Quadratmeter und durchschnittlichen Heizkosten von 1,34 Euro würde die bisherige Gesamtmiete von 7,34 Euro um 17 Prozent auf 9,17 Euro steigen.[7] Für Klimaneutralität wäre sogar ein KfW-Effizienzstandard 55 notwendig, also 45 Prozent über Neubauniveau, wodurch das Verhältnis aus Mieterhöhung und Energiekosteneinsparung tendenziell noch negativer ausfiele. Für die klimaneutrale Modernisierung des gesamten Wohngebäudebestands bis zum Jahr 2050 berechnet der Immobilienexperte Prof. Dr. Sven Bienert von der Universität Regensburg in einer Metastudie eine Finanzierungslücke von sechs bis vierzehn Milliarden Euro pro Jahr, die durch Förderung geschlossen werden müsste, um diese warmmietenneutral zu gestalten.[8] Die Bandbreite in der Berechnung rührt daher, dass verschiedene Wirtschaftlichkeitsuntersuchungen mit unterschiedlich hohen Instandhaltungsanteilen und damit „Sowieso-Kosten"[9] rechnen, die von den energiebedingten Modernisierungskosten abzuziehen sind. Gleichzeitig werden beispielsweise auch Kostenentwicklungen oder technologischer Fortschritt in den verschiedenen Studien unterschiedlich angesetzt. Überhaupt nicht berücksichtigt sind in den Wirtschaftlichkeitsberechnungen sogenannte Rebound-Effekte. Diese führen durch ungünstiges Nutzerverhalten, unzureichende Bauausführung oder Betriebsführung der Heizungsanlagen dazu, dass im Betrieb deutlich mehr Energie verbraucht und damit CO_2 ausgestoßen wird, als in den Energiebedarfsplanungen theoretisch errechnet wurde. So drohen gerade bei hoch ambitionierten Projekten die Rebound-Effekte die zusätzlich erreichten Einsparungen wieder „aufzufressen" und damit auch die Zusatzinvestitionen und dafür eingesetzten „grauen" Energien überzukompensieren. Dadurch ist für das Klima nichts gewonnen.

Dabei gilt es zu bedenken, dass der Aufwand und damit die Investitionskosten bei gleichem Effizienzstandard für verschiedene Gebäudetypen, Bauarten, Architekturen oder Materialien je nach Ausgangszustand unterschiedlich hoch ausfallen. So lassen sich manche Gebäude wirtschaftlicher auf einen ambitionierten

---

7 GdW, DV, DMB (2019): Wohngebäude: Klimaziele sozialverträglich erreichen.
8 Bienert, Sven (2019): Wissenschaftliche Plausibilitätsprüfung bezüglich der errechneten öffentlichen Förderungslücke zur Erreichung der Klimaziele durch energetische Gebäudesanierungen im Mietwohnungsbau.
9 Z. B. für Gerüst, Putz und Farbe, wenn eine Sanierung sowieso ansteht.

Wärmeschutzstandard bringen, wenn zum Beispiel der Instandsetzungsstau und der bisherige Energieverbrauch hoch sind und die Dämmung durch eine einfache Kubatur und Architektur weniger aufwendig möglich ist. Dagegen entstehen beispielsweise für Altbauten der Gründerzeit häufig sehr hohe Kosten für umfassende und tiefgreifende Wärmeschutzmaßnahmen, wenn man die besondere baukulturelle Qualität der Gebäude nicht zerstören will. So ermittelte die Wohnraumversorgung Berlin in einer Vergleichsstudie der Modernisierungsaktivitäten der Berliner Landesgesellschaften eine enorme Bandbreite an Gesamtmodernisierungskosten von einigen Hundert Euro bis zu über 2.000 Euro pro Quadratmeter, die sich nicht allein aus den unterschiedlichen erreichten Effizienzniveaus erklären lassen.[10] Auch bereits einmal sanierte Bestände oder neuere Baualtersklassen sind nur mit erheblichem Zusatzaufwand bei vergleichsweise geringen Energiekosteneinsparungen auf noch bessere Wärmeschutzstandards zu bringen.

Sektorübergreifende CO$_2$-freie Versorgung stärken

Der häufig propagierte KfW-55-Wärmeschutzstandard als zu erreichendes Mindestanforderungsniveau für Bestandssanierungen bildet keine realistische und erstrebenswerte Zielgröße für alle Gebäude.[11] Dieser basiert auf Potenzial- und Modellrechnungen, die ermitteln, wie viel Energie über alle Sektoren hinweg eingespart werden muss, damit die künftig verfügbaren erneuerbaren Energien für alle verbleibenden Energiebedarfe ausreichen. Doch diese theoretischen Szenarien verkennen den technologischen Fortschritt mit Effizienzsteigerung und erhöhter Wirtschaftlichkeit bei der Nutzung erneuerbarer Energien. Dadurch schränken sie die notwendige Technologieoffenheit und innovative Weiterentwicklung von Handlungsansätzen zu sehr ein. So hat sich allein in zwei Jahrzehnten die Leistungsfähigkeit von Solarzellen vervielfacht und deren Kosten haben sich erheblich reduziert. Auch wenn sich mittlerweile das Gebäudeenergiegesetz über eine Innovationsklausel und Quartiersansätze einem neuen Denken öffnet,

---

10 Wohnraumversorgung Berlin (2018): Wissenschaftliche Vergleichsstudie von Modernisierungsmaßnahmen der landeseigenen Wohnungsunternehmen Berlins.
11 Die KfW-Effizienzhausstandards drücken aus, wie viel weniger Primärenergiebedarf und Transmissionswärmeverlust ein Gebäude im Vergleich zu einem Neubaugebäude haben darf. KfW 55 benötigt 55 Prozent weniger Primärenergie und der bauliche Wärmeschutz muss 30 Prozent besser sein als bei einem Neubaugebäude.

fokussiert es sich weiter zu stark auf Effizienz und lässt nur wenig Spielraum für Alternativen.

Die Hamburger landeseigene Wohnungsbaugesellschaft SAGA GWG hat für ein Quartier mit 5.000 Wohneinheiten zwei Handlungsszenarien für den Klimaschutz errechnen lassen, die ebenfalls aufzeigen, dass ein größtmöglicher Wärmeschutz nicht zum Ziel führt.[12] So erreicht die Modernisierung auf KfW-55-Standard ohne Umbau der Wärmeversorgung weder die angestrebte 80-prozentige CO_2-Einsparung bis 2050, noch ist die dafür notwendige Warmmietenerhöhung auf 13,30 Euro pro Quadratmeter sozialverträglich. Dagegen führen maßvollere Modernisierungsstandards von KfW 85 für Einfamilienhäuser und KfW 115 für Mehrfamilienhäuser – verbunden mit ergänzender erneuerbarer Nahwärmeversorgung im Quartier und einer langfristigen Umstellung auf Fernwärme – zum Klimaziel. Dabei verursachen sie im Hamburger Beispiel 100 Millionen Euro weniger Investitionskosten, wodurch die Warmmieten sich auf nur 11,83 Euro pro Quadratmeter erhöhen.

Umdenken gefragt: Das Quartier ins Zentrum unserer Klimaschutz- und Sanierungsstrategien rücken

Alle Initiativen stehen dabei vor der derzeit noch sehr herausfordernden Grundsatzfrage, wie durch eine Kombination von mach- und leistbarem Wärmeschutz und bezahlbarer CO_2-freier Wärmeversorgung die Bestände bis 2050 perspektivisch und schrittweise klimaneutral werden können. Eine einfach umsetzbare Blaupause besteht dafür nicht und ist auch nicht absehbar.

Aber das Quartier kann zum Nukleus einer großen Klimaschutzperspektive werden. Denn über mehrere Gebäudeblöcke hinweg ergeben sich erweiterte und kostengünstigere Möglichkeiten für eine gemeinsame klimafreundliche Energieversorgung. Quartiere können zu „Real-Laboren" für innovative Modellprojekte zur Sektorenkoppelung werden. Dabei werden energetische Modernisierungen mit unterschiedlichsten lokalen CO_2-armen Versorgungslösungen kombiniert: der Verwendung erneuerbarer Energien aus Photovoltaik, Solarthermie, Bio-

---

12 Vortrag von Dietmar Walberg, Geschäftsführer der Arbeitsgemeinschaft für zeitgemäßes Bauen Schleswig-Holstein: „Klimaschutz, soziale Verantwortung und Innovation: Neue Wege denken. Ein Beitrag der Wohnungswirtschaft zur Erreichung der Hamburger Klimaschutzziele", gehalten am 4. September 2020 zur 2. Sitzung des Runden Tisches „Neue Impulse für nachhaltigen Klimaschutz im Gebäudebestand".

masse oder Biomethan, der Nutzung von Umweltwärme über Wärmepumpen, der Kraft-Wärme-Kopplung für die effiziente Erzeugung von Wärme und Strom. Ebenso lässt sich Abwärme systemdienlich einbinden. Gepaart mit „smarter" Verbrauchssteuerung und Zwischenspeicherung von Wärme und Strom durch verschiedene Technologien lässt sich das volatile erneuerbare Potenzial von Sonne und Wind effektiver nutzen. Verbunden mit einer digitalen Verbrauchssteuerung können der Energieverbrauch und das erneuerbare Energieangebot zeitlich besser aufeinander abgestimmt werden, sodass weniger Spitzenlast abgedeckt werden muss, wenn zu bestimmten Zeiten nicht ausreichend erneuerbare Energie verfügbar ist. Dazu kann auch das Potenzial von E-Mobilität mit Ladesäulen und Elektroautos als Zwischenspeicher oder perspektivisch die langfristige Speicherung erneuerbaren Stroms in Form von grünem Wasserstoff genutzt werden. Zu Spitzenlastzeiten ohne ausreichend verfügbare erneuerbare Energie kann Letzterer systemdienlich für Wärme und Strom eingesetzt werden.

Denn für eine komplett CO_2-freie Energieversorgung müssten bis zum Jahr 2050 fossile Brennstoffe vollständig durch erneuerbare Energien ersetzt werden. Dann muss auch eine mit Gas betriebene Kraft-Wärme-Kopplung – heute noch ein Baustein zur Verringerung von Emissionen – vollständig mit erneuerbaren Energien betrieben werden. Langfristig müssen diese durch andere Technologien ersetzt, mit Biokraftstoffen oder Biogasen oder aber mit grünem Wasserstoff betrieben werden. Grüner Wasserstoff bietet zudem die Möglichkeit, umgewandelte Überkapazitäten aus Wind- und Solarstrom über lange Zeiträume zu speichern und über die vorhandene Gasinfrastruktur zu transportieren. Durch den notwendigen massiven Ausbau von Elektrolyseuren, der vor allem zur Deckung des hohen Wasserstoffbedarfs von Industrie und Verkehr notwendig ist, entsteht außerdem Abwärme, die zusätzlich in Wärmenetze eingespeist werden kann. Dies wird derzeit in einem aus dem Energieforschungsprogramm des Bundes geförderten Modellquartier in Esslingen erprobt.[13] Damit lässt sich die Effizienz und Wirtschaftlichkeit der Wasserstofferzeugung deutlich steigern und eine zusätzliche CO_2-neutrale Wärmequelle für den Gebäudebestand erschließen.

---

13 PV Magazin (2019): „Klimaneutrales Quartier mit Wasserstoff". Internetbeitrag; https://www.pv-magazine.de/2020/04/17/klimaneutrales-quartier-mit-wasserstoff/.

Zukunftsweisende Handlungsansätze in Modellquartieren

Erste Modellquartiere weisen bereits den Weg, wenngleich es sich meist um Pilotprojekte handelt, die noch in die Breite ausgerollt werden müssen und bislang ohne erhebliche Förderung kaum replizierbar sind. So erreichte die Kölner Stadtwerketochter RheinEnergie zusammen mit der kirchlichen Deutschen Wohnungsgesellschaft (Dewog) durch die integrierte Quartiersmodernisierung der Stegerwaldsiedlung eine CO_2-Reduzierung um 70 Prozent.[14] Grundlage bilden neben der energetischen Gebäudemodernisierung eine klimafreundliche Wärmeversorgung durch Großwärmepumpen und Photovoltaik, Zwischenspeicher sowie ein digitales selbstlernendes Energiemanagement mit smarten Energiezählern. Integriert sind E-Ladesäulen und E-Carsharing sowie Mieterstrom. Die Warmwasserversorgung und die Spitzenlast an kalten Tagen liefert die Fernwärme. Wird diese kontinuierlich auf erneuerbare Energien umgestellt, so wird auch die Siedlung stärker klimaneutral werden. Für die Modernisierung der zum Großteil von einkommensschwächeren Haushalten bewohnten Großwohnsiedlung blieben jedoch die modernisierungsbedingten Mietsteigerungen von durchschnittlich 7 auf 9 Euro pro Quadratmeter eine soziale Herausforderung, obwohl das Vorhaben mit 20 Prozent der Investitionssumme aus der EU-Forschungsförderung finanziert wurde.

Einen ähnlichen Weg zur Klimaneutralität verfolgt das kommunale Wohnungsunternehmen Pro Potsdam in der Gartenstadt Drewitz, wo neben umfassenden Wärmeschutzmaßnahmen ebenfalls eine dezentrale erneuerbare Ergänzung zur Fernwärmeversorgung erfolgt. Zudem bietet das kommunale Wohnungsunternehmen den Mietern mit Solarstrom betriebene E-Mobilität und ÖPNV-Tickets an.[15] Dabei erfolgte ein gebündelter Einsatz von Landes- und Bundesförderung, um die Maßnahmen in der Großwohnsiedlung sozialverträglich zu gestalten. Das landeseigene Berliner Wohnungsunternehmen Gewobag bietet im Wohnpark Mariendorf nicht nur weiterhin preiswerte, energetisch modernisierte Wohnungen an, sondern hat eine integrierte sektorenübergreifende und digital gesteuerte

---

14 BDEW (2020): „Stegerwaldsiedlung: Das bleibt unter uns – dem Algorithmus sei Dank".
Internetbeitrag unter https://www.bdew.de/verband/magazin-2050/stegerwaldsiedlung-in-koeln-klimaschutz-mit-algorithmus/.

15 KfW (2017): „Ein internationales Vorbild". Beitrag auf der KfW-Internetseite https://www.kfw.de/stories/umwelt/energieeffizienz/sanierung-gartenstadt-potsdam-drewitz.

Wärme- und Stromversorgungsinfrastruktur mit hocheffizienter Kraft-Wärme-Kopplung und Photovoltaik installiert, die den Mietern E-Ladesäulen, Mobilitätsstationen und Quartiersstrom anbietet.[16]

Aber nicht nur die großen Wohnungsunternehmen schaffen in ihren eigenen Quartieren integrierte Quartiersansätze. Mittlerweile gibt es auch Siedlungen mit heterogenem Immobilieneigentum, die sich auf den Weg in eine gemeinsame klimafreundliche Wärmeversorgung machen. Auf dem Land kann Abwärme von Biogasanlagen über neue Nahwärmenetze genutzt werden. Oft gibt der Aufbau dieser Wärmenetze und vor allem die Entscheidung, sich daran anzuschließen, für Gebäudeeigentümer auch den Anstoß, ihr Haus energetisch zu ertüchtigen. Aber auch städtische oder suburbane Einfamilienhaussiedlungen eignen sich für Nahwärmenetze. So konzipiert der Berliner Siedlerverein „Am Eichkamp/Heerstraße" derzeit ein Nahwärmenetz, das vorerst mit Biomasse betrieben und – sobald ein Großteil der Gebäude energetisch modernisiert ist – auf ein Niedertemperatursystem umgestellt werden soll.[17]

Dabei sind die eingesetzten Energietechnologien für die Nutzung und Zwischenspeicherung der volatilen erneuerbaren Energien unterschiedlich. In Chemnitz-Brühl setzt man auf große Wasserspeicher für die Ergänzung der Fernwärme durch Solarenergie, die Genossenschaft „Märkische Scholle" setzt in einem Quartier in Berlin-Lichterfelde auf einen Erdwärmespeicher und Vonovia experimentiert in Bochum-Weitling mittlerweile sogar mit einer Elektrolyseanlage, um aus dem solaren Überschussstrom grünen Wasserstoff zu produzieren.

Die lokal passgenaue und koordinierte Nutzung vielfältiger Technologien entscheidet

Die konkrete Ausgestaltung integrierter Lösungen sieht also von Quartier zu Quartier unterschiedlich aus. Geeignete Maßnahmenkombinationen sind abhängig von Siedlungsdichten, die für Wärmenetze eine Rolle spielen, Eigentümerstrukturen, Gebäudetypen, Zustand der Bestände, lokaler Verfügbarkeit erneuerbarer

---

16 Gewobag: „Für mehr Wohnqualität im Wohnpark Mariendorf".
   Internetbeitrag unter https://www.gewobag.de/bauen-in-berlin/bauprojekte/wohnpark-mariendorf/.
17 Bezirksamt Berlin-Charlottenburg: „Energetisches Quartierskonzept Eichkamp/Heerstraße".
   Internetbeitrag unter https://www.berlin.de/ba-charlottenburg-wilmersdorf/verwaltung/aemter/umwelt-und-naturschutzamt/klimaschutz/artikel.390302.php.

Energien oder Abwärme. Insofern braucht es individuelle Quartierslösungen, die aber auch in das städtische und regionale Gesamtenergiesystem passen und perspektivisch mit weiteren Maßnahmen eine vollständige Klimaneutralität erreichen. Genau diese regionale und lokale Vielfalt werden wir benötigen, damit möglichst alle vorhandenen erneuerbaren Energien bestmöglich und verlustfrei genutzt werden können. Sicherlich werden Wärmepumpen hier eine große Rolle spielen, vor allem für Gebiete, die schlecht an Wärmenetze angeschlossen werden können. Allerdings dürfte eine derzeit teilweise propagierte reine „All Electric"-Strategie für den gesamten Gebäudebestand die Kapazitäten der Stromnetze überlasten und auch nicht zu jeder Zeit ausreichend grüner Strom zur Verfügung stehen.

Gerade für sehr heterogene Gebäude- und Eigentümerkonstellationen mit dispersen energetischen Gebäudezuständen und Eigentümerinteressen und -kapazitäten braucht es einen zeitlich angepassten Pfad für die Gebäudesanierungen und eine möglichst synchronisierte Umstellung der Energieversorgung. Umso wichtiger sind integrierte Quartierskonzepte und ein leistungsfähiges Sanierungsmanagement, wie sie durch das KfW-Programm „Energetische Stadterneuerung" gefördert werden.[18] Ebenso wichtig ist das gute Zusammenwirken zwischen Wohnungsunternehmen, privaten Eigentümerinnen und Eigentümern, Energieversorgungs- und Energiedienstleistungsunternehmen. Und auch eine kommunale Wärmeplanung, die aktuell in Baden-Württemberg für die größeren Städte zur Pflicht wird, bildet eine wichtige Grundlage. Denn sie gibt Gebäudeeigentümerinnen und -eigentümern Orientierung, welche Form der klimaneutralen Wärmeversorgung die optimale Lösung darstellt und wie sie mit energetischen Maßnahmen an der Gebäudehülle kombiniert werden könnte. So lassen sich auch gebäudeindividuelle Sanierungsfahrpläne zielführender gestalten.

Gute Beratungsstruktur macht energetische Sanierung zur Bewegung

In Quartieren mit heterogenen Einzeleigentümerinnen und -eigentümern kommt allerdings zu der technisch aufwendigen Konzipierung integrierter und sektorenübergreifender Energieversorgungslösungen die weit komplexere Koor-

---

18 Prognos (2019): Evaluierung des Förderprogramms „Energetische Stadtsanierung – Zuschuss". Download im Internet unter https://www.kfw.de/PDF/Download-Center/Konzernthemen/Research/PDF-Dokumente-alle-Evaluationen/Prognos-Endbericht-Evaluation-KfW-Programm-432-(final).pdf.

dinierung und Steuerung des Modernisierungsprozesses als Mammutaufgabe hinzu. Dies gilt insbesondere, wenn gemeinsame Wärmelösungen angestrebt werden. Inhaberinnen und Inhaber müssen genau dort abgeholt werden, wo sie in ihrer persönlichen Lebenssituation sowie mit dem Zustand ihres Gebäudes stehen. Vor Ort in den Wohnvierteln lassen sich alle relevanten Beteiligten direkter, individueller und zielgerichteter für energetische Maßnahmen ansprechen und mobilisieren. Hier müssen auch weitere Sanierungsanlässe mitgedacht werden. Sind beispielsweise Maßnahmen zur Steigerung der Barrierefreiheit, des Denkmalschutzes oder schlicht Reparaturen zur Gebäudeerhaltung nötig, so ergeben sich mögliche Synergien für die energetische Sanierung.

Vor allem Kleinvermietende und Selbstnutzende, die 80 Prozent aller Wohnungen besitzen, sind vielfach verunsichert, ob Maßnahmen und Technologien wirtschaftlich und technisch sinnvoll sind, ob Bauschäden auftreten und inwieweit sie den komplexen Sanierungsprozess beherrschen. Mit zunehmendem Alter steigt die Verunsicherung und sinkt die Motivation, sich den großen Aufwand einer energetischen Sanierung aufzuladen. Hier gilt es, Gebäudeeigentümerinnen und -eigentümer entweder noch rechtzeitig beispielsweise zum Renteneintritt anzusprechen oder auf den Generationenwechsel zu warten.

Wenn Wohneigentümerinnen und -eigentümer für den Klimaschutz gewonnen werden sollen, brauchen wir eine Bewegung des Mitmachens. Nach aktuellem Eindruck aus Energieberatung, Handwerk und Finanzierung haben die verbesserten Förderbedingungen im Rahmen des Klimaschutzprogramms 2030 seit Anfang 2020 bereits einen Nachfrageschub verursacht. Ihren Anteil daran hat sowohl die steuerliche Förderung für Selbstnutzende von 20 Prozent der Investitionskosten über drei Jahre bis zu einer Gesamthöhe von 40.000 Euro als auch die deutliche Anhebung der Tilgungs- und direkten Investitionszuschüsse für energetische Modernisierungen. Für eine energetische Komplettsanierung auf Effizienzhausstandard hat sich die Förderung teils mehr als verdoppelt: Eine Sanierung auf Neubaustandard wird mit 27,5 Prozent beziehungsweise bis zu 33.000 Euro gefördert anstelle von 15 Prozent und 15.000 Euro bis Ende 2019. Und wer eine oder mehrere Einzelmaßnahmen durchführt (zum Beispiel Fensteraustausch, Fassaden- oder Dachdämmung), was bislang die überwältigende Mehrzahl der Förderfälle ausmacht, erhält heute 20 Prozent beziehungsweise maximal 10.000 Euro Förderung statt bislang 10 Prozent und 5.000 Euro pro

Maßnahme.[19] Eine wichtige Neuerung ist zudem, dass die Investitionszuschüsse sowohl für Einzelmaßnahmen als auch für Komplettsanierungen nun allen Gebäudeeigentümerinnen und -eigentümern zur Verfügung stehen. Bislang waren Vermietende von direkten Zuschüssen für Einzelmaßnahmen ausgeschlossen. Schließlich setzt auch der Einstieg in die CO_2-Bepreisung ein zusätzliches Signal, in energieeffizientere Gebäude mit erneuerbarer Energieversorgung zu investieren, wenngleich der CO_2-Preis im Vergleich zu den hohen CO_2-Vermeidungskosten für umfassende energetische Modernisierungen derzeit zu niedrig ist, um wirkliche Anreize zu setzen.

Beratungsketten von der Erstansprache bis zur Baubegleitung

So wirksam diese Maßnahmen auch sein mögen, eine Sanierungswelle, die sich bis zum klimaneutralen Gebäudebestand auftürmen könnte, entsteht dadurch noch nicht. Hierzu müssen die Ansprechpersonen vor Ort im Quartier noch sichtbarer werden und noch mehr aufsuchende Formate erprobt werden. Dies gelingt nur mit niedrigschwelliger Erstansprache, verlässlicher Energieberatung sowie einer kompetenten, vertrauenswürdigen Begleitung in der gesamten Planungs- und Umbauphase. Gerade für private Kleinvermietende und Selbstnutzende sind dafür ineinandergreifende „Ketten" von großer Bedeutung. Diese müssen von der Erstberatung über Orientierung angesichts der Vielfalt an Finanzierungs- und Fördermöglichkeiten bis hin zu einer vertiefenden Modernisierungsberatung und der Bau- und Betriebsbegleitung reichen.

Die Beratungskette der Energetischen Sanierung stellt sich nach dem „3 Prozent plus"-Projekt des Deutschen Verbands für Wohnungswesen, Städtebau und Raumordnung e. V. (DV) folgendermaßen dar:[20]

- ◆ Erstansprache und Initialberatung
- ◆ Konzeptorientierte Beratung
- ◆ Planung und Angebot
- ◆ Umsetzung und Ausführung
- ◆ Betriebsführung und Monitoring

19 BAFA (2020): „Mehr Förderung für KfW-Effizienzhäuser – Höhere Zuschüsse zum 24.01.2020"; https://www.febs.de/newsroom/meldungen/2020/hoehere-zuschuesse-kfw-effizienzhaeuser-2020.

20 Freudenberg, Jens u. a. (2019): Das Quartier als Schlüssel zur Steigerung der Sanierungsrate. Erkenntnisse aus dem „Drei Prozent Projekt – energieeffizienter Sanierungsfahrplan für kommunale Quartiere 2050".

Eine Netzwerkbildung und eine gegenseitige Verweiskultur unter den verschiedenen beratenden Akteuren sind daher geboten. Gute Erfahrungen für solche Ansätze liefert das Forschungsprojekt „3 Prozent plus – Umsetzung des energetischen Sanierungsfahrplans für kommunale Quartiere", in dem der Deutsche Verband für Wohnungswesen, Städtebau und Raumordnung e. V. gemeinsam mit der Beratungs- und Service-Gesellschaft Umwelt mbH und der Hochschule für Technik Stuttgart in verschiedenen Modellquartieren intensive Mobilisierungsansätze für Privatvermietende, Selbstnutzende und Wohnungseigentümergemeinschaften gemeinsam mit kommunalen Partnern vor Ort erprobt.

Kommune als Moderatorin und Treiberin für den Klimaschutz

Zum Aufbau sinnvoller Strukturen braucht es vor Ort ein umfassendes Sanierungsmanagement und einen neutralen koordinierenden Akteur. Die Kommune ist dabei die zentrale Handlungsebene sowie ein entscheidender Faktor für den Erfolg des Klimaschutzes im Gebäudebereich. Es geht nicht nur darum, dass Städte im eigenen Gebäudebestand Klimaschutzmaßnahmen durchführen oder über kommunale Anbieter die Energieversorgung dekarbonisieren. Vielmehr müssen sie Prozesse auf Quartiersebene anstoßen und integrierte energetische Quartierskonzepte auf den Weg bringen. Dazu müssen sie verschiedene Gruppen von Eigentümerinnen und Eigentümern, Energieversorgungs- und weiteren Energieunternehmen sowie andere Akteure mobilisieren und deren teils unterschiedliche Interessen koordinieren. Dieser anspruchsvollen Aufgabe sollten sich die Kommunen vermehrt stellen, sie brauchen dafür aber mehr finanzielle Unterstützung von Bund und Ländern. Die besagte Koordinierung ist eine Managementaufgabe, die ausreichend Ressourcen benötigt und neben den kommunalen Pflichtaufgaben nur schwer zu leisten ist.

Alle Beteiligten können und müssen einen Beitrag leisten

Das Quartier als Handlungsebene und der integrierte Ansatz, welcher themen- und agierendenübergreifend auf energetische Sanierungsprozesse schaut, sind ambitionierte, aber unverzichtbare Bausteine, um den Gebäudebestand bis 2050 annähernd klimaneutral umzugestalten. Das setzt die Offenheit aller Akteure für die Situation und Position des anderen voraus und verlangt auch Eigeninitiative aller Beteiligten. Das haben viele bereits erkannt und engagieren sich in neuen

Bündnissen für Klimaschutz – so zum Beispiel die wohnungswirtschaftliche „Initiative Wohnen.2050" oder die „Stiftung 2°", in der sich deutsche Unternehmer für den Klimaschutz stark machen.[21] Ihnen allen ist klar, dass bei weiterer Verschleppung konkreter Lösungen der Handlungsdruck weiter steigt und regulativer Zwang die näher rückende Alternative bildet. Noch können wir gemeinsam neue Lösungen aktiv mitgestalten und umsetzen.

Damit diese Vorreiterinitiativen aber eine wirkliche Breitenwirkung entfalten, müssen sie durch eine anders ausgerichtete Klimaschutzstrategie und -politik unterstützt werden anstatt – wie derzeit – eher behindert zu werden. Wichtig sind mehr Flexibilität und Technologieoffenheit, bessere und anders gestaltete Förderanreize, ganzheitliche Beratungsketten für Einzeleigentümerinnen und -eigentümer sowie ordnungsrechtliche und fördertechnische Bedingungen für wirklich ganzheitliche, sektorenübergreifende Klimaschutzansätze im Quartier. Nur so können wir Wärme, Strom und Mobilität miteinander kombinieren. Gebäudeeigentümer und -eigentümerinnen sollten flexibler wählen können, ob sie bei einem notwendigen Mindestwärmeschutz weitere CO_2-Einsparungen über noch mehr Dämmung oder durch mehr erneuerbare Energien erreichen. Insgesamt ist es richtig, auch die Förderung vermehrt auf modulare Maßnahmenkombinationen auszurichten, statt durch einen „Alles oder nichts"-Ansatz das größte Sanierungspotenzial zugunsten von Spitzenförderung und einigen wenigen Vorzeigeprojekten zu verspielen. Bei Einzelmaßnahmen ist allerdings wichtig, dass diese modular aufgebaut sind und später weitergehende Klimaschutzmaßnahmen ermöglichen, wozu ein individueller Sanierungsfahrplan erfolgversprechende Ansätze bietet.

Die rechtlich und fördertechnisch mögliche erneuerbare Energieversorgung sollte sich zudem nicht nur unmittelbar auf das Gebäude beziehen, da dies beispielsweise in dichten Siedlungsstrukturen oft nicht funktioniert, sondern auch in größerem räumlichem Zusammenhang erfolgen können. Gerade für den vermehrten Ausbau von Photovoltaik in Verbindung mit Kraft-Wärme-Kopplung müssen die Möglichkeiten für wirtschaftlich funktionierende Modelle für Mieter und Mieterinnen sowie Quartiersstrom im Erneuerbare-Energien-Gesetz (EEG), im Energiewirtschaftsrecht und anderen Gesetzen deutlich erleichtert werden.

---

21 Initiative Wohnen.2050 (2020): „Wir wollen nicht mehr über den Klimawandel reden. Wir wollen handeln". Internetbeitrag; https://www.iw2050.de/wp-content/uploads/2020/07/200716_IW2050_Erstinformation.pdf.

Michael Weinhold

Vom Stadtquartier zum smarten Campus: Zur Rolle der Technologie bei der Dekarbonisierung der Stadt

„Man sollte die Städte auf dem Lande bauen, da ist die Luft besser", scherzte einst der französische Schriftsteller und Zeichner Henry Monnier (1799–1877). Tatsächlich könnte man meinen, seine Empfehlung sei seither für bare Münze genommen worden: Seit Monniers Lebzeiten sind viele neue Planstädte auf der grünen Wiese gebaut worden, und das Wachstum der urbanen Räume ist ungebrochen. Die Luftqualität ist dabei ein Problem geblieben. Und es ist nicht das einzige: Vor dem Hintergrund des Klimawandels müssen Städte ihren Ressourcenverbrauch und ihren CO_2-Ausstoß in den nächsten Jahrzehnten massiv reduzieren. Dies kann nur gelingen, wenn sie eine Energieversorgung anstreben, die ohne fossile Brennstoffe auskommt.

Die Vision der post-fossilen Stadt ist aus ökologischer Sicht notwendig. Zugleich eröffnet sie die Chance, Urbanität neu zu denken und Städte in Orte zu verwandeln, die nicht nur ressourcenschonender, sondern auch grüner und lebenswerter sind als heute, einschließlich der von Henry Monnier so vermissten guten Luft. Und natürlich bietet dieser neue Ansatz Unternehmen, die an der nachhaltigen Zukunft der Städte mitbauen, enorme Marktpotenziale.

Als idealer Startpunkt für die Transformation der Stadt bietet sich die Ebene des Stadtquartiers an: Es ist als Raum genügend groß, um die städtische Realität zu erfassen. Hier können Maßnahmen wie die Gestaltung öffentlicher Räume, der Bau ökologischer und energieintelligenter Gebäude, die Förderung einer durchmischten Quartiersbevölkerung oder eine nachhaltige Mobilität koordiniert vorgenommen werden. Mit anderen Worten: Im Quartier lässt sich im Kleinen die Stadt der Zukunft entwickeln und erlebbar machen. Auch dieser Beitrag setzt hier an – und widmet sich der Frage, wie aus einem Quartier ein smarter Campus werden kann, der den Anforderungen der Stadt von morgen gerecht wird. Dabei stehen energetische Fragestellungen im Vordergrund.

Der Ausdruck „Campus" (lateinisch für „Feld"; Plural: Campūs) bezeichnete ursprünglich ausschließlich Hochschulkomplexe nordamerikanischer Prägung, die außerhalb der Städte auf der grünen Wiese errichtet wurden. Heute wird der Begriff nicht mehr ausschließlich für akademische Gebäudekomplexe verwendet, sondern ebenso für Krankenhäuser, Flughäfen und Firmenareale, wie beispielsweise den Campus des Technologiekonzerns Apple in Cupertino oder den Campus „Siemensstadt 2" in Berlin. Gemeinsam ist all diesen Campūs, dass sie auf eine Funktion hin optimiert sind; dabei müssen sie sowohl den Bedürfnissen ihrer Nutzer (hinsichtlich Funktionalität und Komfort) als auch den Anforderungen ihrer Eigner (bezüglich Effizienz und Kosten) gerecht werden. Ein Universitätscampus beispielsweise bietet Studenten auf kompaktem Raum alles, was sie für ein zielgerichtetes Studium benötigen, inklusive Möglichkeiten zum Austausch und zur Erholung. Die einzelnen Campus-Gebäude und -Infrastrukturen sind dabei Teil eines größeren Ganzen und werden gemeinsam verwaltet. Aus dieser integralen Betrachtung ergeben sich bereits auf einem traditionellen Campus Synergien. Mit der Digitalisierung und der Evolution zum smarten Campus vervielfacht sich das Synergiepotenzial: Digitale Technologien schaffen die Voraussetzungen, um Gebäude, Energieversorgung und Mobilitätsinfrastruktur zu vernetzen und ihr Zusammenspiel mithilfe künstlicher Intelligenz optimal auszugestalten.

Das Konzept des smarten Campus lässt sich auf kleinere Einheiten mit wenigen Gebäuden ebenso anwenden wie auf ganze Stadtquartiere: Auch hier ermöglicht es die Entwicklung zukunftsfähiger Lösungen für einen nachhaltigen Umgang mit Energie. Denn auf dem Campus eröffnen sich, anders als im streng regulierten Umfeld der öffentlichen Energieversorgung, Spielräume für innovative neue Technologien.

Dabei adressiert der smarte Campus zwei zentrale Herausforderungen, mit denen sich Städte weltweit konfrontiert sehen: die Reduktion des Ressourcenverbrauchs einerseits und die der Treibhausgasemissionen andererseits. Heute werden ungefähr zwei Drittel der Energie weltweit in Städten verbraucht, und man schätzt, dass rund 75 Prozent der globalen CO_2-Emissionen in urbanen Räumen entstehen.[1] Damit sind Städte die größten Treiber des Klimawandels. Zugleich

---

1   REN21: Renewables in Cities Global Status Report 2019, S. 19; https://www.ren21.net/wp-content/uploads/2019/05/REC-2019-GSR_Full_Report_web.pdf.

sind sie aber auch stark von dessen Folgen betroffen. So gefährden etwa Hitzewellen die Gesundheit der Bevölkerung, Starkregenereignisse führen zu Überflutungen, Küstenstädte sind durch den Meeresspiegelanstieg bedroht. Auch dies gilt es bei der Konzeption der Stadt der Zukunft zu berücksichtigen. Städte müssen, wie es die UNO in ihren Zielen für eine nachhaltige Entwicklung formuliert, „inklusiv, sicher, widerstandsfähig und nachhaltig"[2] werden, sprich: Sie müssen dem Klimawandel nicht nur entgegenwirken, sondern sich zugleich gegen dessen negative Auswirkungen wappnen.

Es gibt für Städte eine ganze Reihe von Ansatzpunkten, um diesen Herausforderungen zu begegnen. Allerdings ist die Ausgangslage, abhängig etwa von der geografischen Lage und den verfügbaren Ressourcen, von Stadt zu Stadt verschieden. Entsprechend individuell werden auch die Strategien und Lösungen aussehen, welche sie wählen. Trotz der „Pluralität der Transformationspfade"[3] werden drei Entwicklungen weltweit in allen Städten von Bedeutung sein:

- Die **Steigerung der energetischen Effizienz von Gebäuden** spielt eine Schlüsselrolle, um die CO_2-Emissionen in Städten zu verringern. In Zukunft werden die meisten Gebäude zudem einen Teil der Energie, die sie benötigen, selbst produzieren.

- Der **Ausbau der dezentralen, erneuerbaren Energieproduktion** führt zu einem fundamentalen Umbau des Energiesystems. Vormals getrennte Sektoren, namentlich der Elektrizitäts-, der Wärme- und der Mobilitätssektor, werden zunehmend konvergieren. Das entsprechende Stichwort lautet *Sektorenkopplung*. Diese Entwicklung wird zu einem Umbau der städtischen Infrastrukturen führen.

- Ohne digitale Technologie kann die Dekarbonisierung der Städte nicht gelingen. Erst die Digitalisierung ermöglicht **smarte Gebäude, Netze und Infrastrukturen**. Die immer leistungsfähigere Informations- und Kommunikationstechnologie macht es möglich, Energieflüsse auf Verbraucher- wie auf Produktionsseite sektorübergreifend und intelligent zu steuern. Überdies bieten der Einsatz von künstlicher Intelligenz und

---

2 https://sdgs.un.org/goals/goal11, abgerufen am 26.01.2021.
3 Wissenschaftlicher Beirat der Bundesregierung Globale Umweltveränderungen (WBGU): Der Umzug der Menschheit: Die transformative Kraft der Städte. Berlin 2016, S. 4; https://www.wbgu.de/de/publikationen/publikation/der-umzug-der-menschheit-die-transformative-kraft-der-staedte.

der Ausbau des Internets der Dinge (IoT) ein weites Feld an zusätzlichen Optimierungsmöglichkeiten für einzelne Gebäude, Campūs sowie für die Städte insgesamt.

Das Konzept des smarten Campus integriert diese Entwicklungen und zeigt einen Weg auf, wie ihre Kombination Dekarbonisierung vorantreibt und Stadtquartiere resilienter macht – und zugleich soziale und ökonomische Mehrwerte generiert.

Verbesserung der Energieeffizienz von Gebäuden

Wenn Städte ihren Treibhausgas-Ausstoß reduzieren wollen, müssen sie bei den Gebäuden ansetzen: Rund 40 Prozent der weltweiten CO_2-Emissionen entfallen auf sie.[4] Der Gebäudebereich bietet damit enormes Reduktionspotenzial. Was die technischen Möglichkeiten anbelangt, Gebäude effizienter zu machen, sind in den vergangenen Jahrzehnten massive Fortschritte erzielt worden. Das gilt für die thermische Optimierung der Gebäudehülle ebenso wie für Heiz-, Kühl- und Belüftungssysteme, die mit Wärmerückgewinnungssystemen ausgestattet und wesentlich sparsamer betrieben werden können als früher. Darüber hinaus sind Leuchtmittel, Haushalts- und Bürogeräte deutlich effizienter geworden. Hinzu kommt die (Wieder-)Entdeckung von Möglichkeiten, Energie im Gebäude zu speichern, beispielsweise, indem die Gebäudemasse, wie bei der Betonkernaktivierung, als Wärmespeicher genutzt wird.

Beachtliche zusätzliche Effizienzsteigerungen lassen sich durch die (laufende) Optimierung des Gebäudebetriebs erzielen, insbesondere durch die automatisierte, bedarfsorientierte Steuerung der gebäudetechnischen Anlagen und der Beleuchtung in einem smarten Gebäude. Ein solches Gebäude passt beispielsweise das Licht dem Bedarf an – und schaltet es in Räumen aus, in denen sich niemand aufhält. Eine intelligente Beschattung reduziert bei Bedarf die Sonneneinstrahlung, um den Kühlbedarf zu senken. Durch solche Maßnahmen kann die Effizienz der Gebäudeautomation und zugleich der Komfort für die Gebäudenutzer gesteigert werden.

---

4 REN21, a.a.O.

Die digitale Gebäudeplanung, zum Beispiel mithilfe von Building Information Modeling (BIM), verspricht zusätzliche Effizienzgewinne: Anhand eines digitalen Modells lässt sich dabei das energetische Design des Gebäudes im Planungsprozess optimieren. Planungsbedingte Effizienzverluste, wie sie traditionell auftreten, können durch die gewerkübergreifende digitale Planung minimiert oder ganz vermieden werden. Virtuelle Modelle, sogenannte digitale Gebäudezwillinge, werden in Zukunft auch für den Gebäudebetrieb Verwendung finden. Dieser Ansatz führt nicht nur zu mehr Effizienz, sondern hat das Potenzial, das Management von Gebäuden und Campūs in der gesamten Wertschöpfungskette zu revolutionieren.

Gebäude als Prosumenten und ihre Rolle im Energiesystem der Zukunft

Neben der *Reduktion des Energiebedarfs* gewinnt die *Energieproduktion* für Gebäude laufend an Bedeutung – sei es Wärmegewinnung, insbesondere mittels Solarthermie, oder Stromerzeugung über Photovoltaikanlagen. Solche Produktionsanlagen lassen sich mit Heizsystemen kombinieren, die Umweltwärme, Abwärme oder Biomasse als Wärmeenergiequellen nutzen. So wird eine Energieversorgung möglich, die ohne fossile Brennstoffe auskommt.

Kombiniert man Effizienzmaßnahmen und die lokale Nutzung erneuerbarer Energien, lassen sich sogenannte Plusenergiegebäude realisieren. Diese produzieren über das ganze Jahr betrachtet mehr Energie, als sie benötigen. Da die Kosten für die eigene solare Energieerzeugung und -speicherung weiter fallen werden, können solche Gebäude schon in naher Zukunft wirtschaftlich sein; allerdings ist die Rentabilität von regionalen Faktoren abhängig, einschließlich Marktumfeld und Marktregulierungen. Hinzu kommt, dass die Lastdichte des Gebäudes (das heißt der Energiebedarf pro Quadratmeter Grundfläche) nicht zu hoch sein darf: Ein Wolkenkratzer oder eine energieintensive Aluminiumschmelzanlage lassen sich nicht als Plusenergiegebäude realisieren.

Gebäude, die Energie nicht nur konsumieren, sondern auch produzieren, sogenannte Prosumenten, finden zunehmend Verbreitung, unter anderem, weil Photovoltaikanlagen immer günstiger werden. Dieser Trend wird sich noch verstärken. Das bedeutet, dass Energie künftig nicht mehr nur in einer überschaubaren Anzahl von zentralen Großkraftwerken generiert wird, sondern dezentral, in Millionen von Klein- und Kleinstanlagen, vorwiegend Photovoltaikanlagen und Windkraftwerken. In Deutschland trifft das heute schon zu: Es gibt bereits über 1,9 Millionen PV-Anlagen und über 30.000 Windturbinen, hauptsächlich im Umland der Städte.[5] Das hat zur Folge, dass die Produktionsmengen – abhängig vom Wetter – erheblich schwanken. Diese Entwicklung hat Konsequenzen für das gesamte Energiesystem.

Schon heute könnte zu manchen Zeiten durch erneuerbare Energien regional (viel) mehr Strom produziert werden, als verbraucht wird. Netzengpässe oder fehlende Last (das heißt zu geringer Verbrauch) zählen zu den Gründen, weshalb Photovoltaikanlagen und Windkraftwerke zuweilen abgeregelt werden müssen – und der erneuerbare Strom ungenutzt verpufft. Zu anderen Zeiten übersteigt die Nachfrage das Angebot und die konventionellen Kraftwerke müssen als Back-up eingreifen.

Weil im Stromnetz Erzeugung und Verbrauch jederzeit in Einklang stehen müssen, besteht aus systemischer Sicht die große Herausforderung einer dekarbonisierten Energieversorgung darin, die fluktuierende Produktion mit dem Verbrauch, der selbst ebenfalls schwankt, in Einklang zu bringen. Deshalb wird neben der Lastprognose auch die „Energiewettervorhersage" immer wichtiger.

Im Energiesystem der Zukunft werden Gebäude entscheidend zur Lösung dieses Problems beitragen: Sie werden in der Lage sein, auf Angebot und Nachfrage des Strommarktes flexibel zu reagieren. Einerseits, indem sie selbst produzierten Strom, etwa durch den Einsatz von Batteriespeichern, zur richtigen Zeit ins Netz einspeisen, andererseits, indem sie geeignete Lasten (das heißt Geräte wie die Heizungsanlage oder die Ladeinfrastruktur für Elektrofahrzeuge) flexibel einsetzen. Zum Beispiel, indem sie bei hoher Netzlast die Heizleistung reduzieren oder dann heizen, wenn viel Strom verfügbar ist. Durch dieses sogenannte Lastmanagement können Gebäude bereits heute in netz- und energiemarktdienlicher Weise betrieben werden. So tragen sie – in Ergänzung zu Netzausbau und Erhöhung der Netzintelligenz (mithilfe von Smart-Grid-Technologien) – dazu bei, dass Wind- und

5 Bundesnetzagentur: EEG in Zahlen 2019; https://www.bundesnetzagentur.de/DE/Sachgebiete/ ElektrizitaetundGas/Unternehmen_Institutionen/ErneuerbareEnergien/ZahlenDatenInformationen/ zahlenunddaten-node.html.

Solarkraftwerke in Zeiten hoher Energieproduktion nicht abgeregelt werden müssen. Zusätzlich stabilisieren sie mit ihrer Flexibilität bei Über- wie bei Unterproduktion das Netz.

Energiemanagement auf dem smarten Campus

Ein smarter Campus bietet die Möglichkeit, mehrere Gebäude in einem Energiesystem zu verbinden. Gerade wenn die Gebäude unterschiedlich genutzt werden, können sich weitere Potenziale für das Lastmanagement und die optimale Nutzung der selbst produzierten Energie ergeben: Geringer Verbrauch bei den einen Gebäuden kann gleichzeitigen Spitzenverbrauch bei anderen Gebäuden ausbalancieren – oder mit der erneuerbaren Einspeisung in Einklang gebracht werden. Und der Fokus auf den Campus hat gegenüber der isolierten Betrachtung eines einzelnen Gebäudes weitere Vorteile:

◆ Partizipation am Strommarkt: Kleinere Flexibilitäten, die in den Gebäuden vorhanden sind, lassen sich zusammenzufassen und am Strommarkt aufgrund von Skaleneffekten und reduzierter Marktzugangshürde besser handeln. Dadurch erhöht sich die Rentabilität des Campus.

◆ Gemeinsam genutzte Infrastruktur: Indem beispielsweise Heizzentralen und Energiespeicher für den gesamten Campus ausgelegt werden, können Skaleneffekte genutzt werden.

◆ Berücksichtigung der Infrastruktur außerhalb der Gebäude: In eine Campus-Betrachtung können auch Elemente wie die Straßenbeleuchtung oder die Ladeinfrastruktur für Elektrofahrzeuge miteinbezogen werden.

◆ Optimale Platzierung der Energieerzeugungsanlagen: PV-Paneele beispielsweise können dort angebracht werden, wo sie den höchsten Wirkungsgrad erzielen.

◆ Integration von Bestandsbauten: Der energetischen Optimierung historischer Bauten sind Grenzen gesetzt. Im Rahmen eines Campus-Projekts kann ihr erhöhter Energiebedarf durch Plusenergiegebäude zumindest teilweise kompensiert werden.

◆ Größere gestalterische Spielräume: Durch eine campusweite Betrachtung entfällt der Zwang, jedes Gebäude einzeln auf maximale Energieeffizienz zu optimieren. Das erhöht die Gestaltungsfreiheit und ermöglicht eine höhere Siedlungsqualität.

Das Energiesystem auf einem Campus umfasst im Wesentlichen drei Komponenten: lokale Strom- und Wärmeproduktionsanlagen, intelligente Gebäude sowie (thermische und elektrische) Energiespeicher. Das Zusammenspiel dieser Elemente wird über ein Energiemanagement- oder Gebäudemanagementsystem orchestriert. So entsteht ein intelligentes Bereichsnetz, das es ermöglicht, die vor Ort erzeugte Energie optimal einzusetzen. Durch die lokale Kopplung von Erzeugung und Verbrauch reduziert sich die Notwendigkeit, den Netzanschluss auszubauen. Ist das Bereichsnetz Microgrid-fähig, gewährleistet es überdies die Versorgungssicherheit des Campus bei Instabilitäten oder gar Blackouts im umliegenden Energiesystem. Durch die koordinierte Energieproduktion und ein gemeinsames Lastmanagement werden kleinere Flexibilitäten zusammengefasst. Dadurch eröffnet sich die Möglichkeit, an einem virtuellen Kraftwerk (VPP) im umliegenden Energiesystem teilzunehmen oder Flexibilitäten (das heißt eigenen Strom und flexible Lasten) am Regelenergiemarkt zu handeln.

Zur erneuerbaren Stromproduktion auf einem Stadtcampus bietet sich in erster Linie Photovoltaik an. Dagegen werden für die Wärmeversorgung, abhängig von den Voraussetzungen vor Ort, verschiedene Technologien in unterschiedlichen Kombinationen zur Anwendung kommen. In einigen Projekten wird versucht, wärmeautarke Gebäude zu realisieren, die ihren Bedarf vollständig selbst decken. Dass dies möglich ist, beweist eine Wohnhausanlage, die im Rahmen des Forschungsprojekts Aspern Smart City in Wien entstanden ist: Das Gebäude mit 213 Mietwohnungen und Gewerbeflächen erzeugt Wärme mithilfe von Solarthermie-, Photovoltaik- und Hybridanlagen (das heißt der Kombination von Photovoltaik- und Solarthermieanlagen) sowie Wärmepumpen, außerdem wird die Abwärme der Garage mittels einer Luftwärmepumpe genutzt. Für die Speicherung von Energie kommt ein thermischer Erdspeicher zum Einsatz.[6]

Andere Projekte lösen die Wärmeversorgung über Nah- oder Fernwärmenetze, was sich in urbanen Räumen in der Regel besonders anbietet, zumal sich solche Netze in dicht besiedelten Gebieten mit geringen Netzverlusten betreiben lassen. Auch für diesen Ansatz liefert die Seestadt Aspern ein Beispiel: Hier wird derzeit eine Lösung umgesetzt, die über ein Niedertemperatursystem (Nahwär-

---

6   Vgl. Aspern Smart City Research: Abschlussbericht ASCR 1.0 (2013–18), S. 34.

menetz) den Heiz- und Kühlenergiebedarf von vier Wohn- und Geschäftsgebäuden ohne CO_2-Emissionen deckt. Herzstück des Systems sind Erdsonden, die zur saisonalen Energiespeicherung genutzt werden. Über Wärmepumpen wird Warmwasser, Heiz- und Kühlenergie für die Wohn- und Gewerbeflächen aus der gespeicherten Energie erzeugt. Unterstützt wird das System von einer Photovoltaikanlage, welche die Wärmepumpen mit erneuerbarem Strom versorgt.[7]

In Zukunft könnte zudem die brennstoffzellenbasierte Kraft-Wärme-Kopplung (KWK) an Bedeutung gewinnen. KWK-Anlagen erzeugen nicht nur Wärme, sondern auch Strom und könnten so Lastspitzen beim Stromverbrauch auf dem Campus abdecken. Wenn sie mit Wasserstoff betrieben werden, enthalten die Abgase nahezu keine Luftschadstoffe und kein CO_2 und gelten damit als emissionsfrei. Heute ist der Betrieb von brennstoffzellenbasierten Systemen in der Regel noch nicht wirtschaftlich, zumindest nicht ohne Fördergelder. Gleichwohl werden in Japan Brennstoffzellenkraftwerke bereits in großer Zahl eingesetzt.

Trotz unterschiedlicher Konzepte zeichnet sich bei der Wärme- und Kälteversorgung ein klarer Trend ab: Wärmeenergie wird zunehmend mithilfe von erneuerbarem Strom erzeugt. Im Gebäudebereich wird dies vermutlich mehrheitlich direkt über Wärmepumpen geschehen, eventuell aber auch indirekt, indem der erneuerbare Strom zur Wasserstoffproduktion über Elektrolyseure eingesetzt wird (Power-to-Gas). Dieser „grüne" Wasserstoff kann dann gespeichert und später zum Beispiel über Brennstoffzellen zur Strom- und Wärmeproduktion verwendet oder ins Gasnetz eingespeist werden. Erste Anbieter sind hier bereits mit kommerziellen Komplettsystemen am Markt. Neben der Nutzung in Wohn- und Bürogebäuden ergeben sich auch in der Industrie Möglichkeiten für die (direkte und indirekte) Nutzung von grünem Wasserstoff. Kurz: Es zeichnet sich ab, dass die Energiesektoren Strom, Gas und Wärme zunehmend konvergieren.

Diese Konvergenz betrifft auch den Mobilitätssektor: Mit der Verbreitung der Elektromobilität bei PKWs und Bahnen – rein batteriebasiert und auch verstärkt mit Wasserstoff-Brennstoffzellen – werden die Verkehrsmittel der Zukunft erneuerbaren Strom nutzen. Eine wichtige Rolle spielt dabei eine intelligente Ladeinfrastruktur. Der smarte Campus bietet dafür eine ideale Grundlage: Hier kann

---

7   Vgl. „Seestadt Aspern erhält nachhaltige Energieversorgung". In: Umwelt Journal (online) vom 8. Dezember 2020; https://www.umwelt-journal.at/seestadt-aspern-erhaelt-zu-100-prozent-nachhaltige-energie.

die Ladeinfrastruktur im Sinne des Gesamtsystems intelligent gemanagt werden. Das heißt, dass beim Laden die Verfügbarkeit von Strom und anderen Lasten mitberücksichtigt wird – und Lastspitzen, die ohne Lademanagement auftreten würden, vermieden werden. Man spricht in diesem Zusammenhang von netzverträglichem respektive dynamischem netzdienlichem Laden. Hinzu kommt, dass sich Elektrofahrzeuge – als flexible Verbraucher – produktiv ins Lastmanagement auf dem Campus einbinden lassen. In Zukunft könnten die Batterien der Elektrofahrzeuge sogar als zusätzliche Stromquelle (etwa für die Gebäude) genutzt werden. Dieser Ansatz wird derzeit unter dem Schlagwort „Vehicle-to-X" erforscht.

Zusammenfassend lässt sich sagen, dass ein campusübergreifendes Energiemanagement die effiziente Erzeugung und Nutzung von Energie in einem umfassenden Sinn zum Ziel hat; dabei gilt es, verschiedene Erzeuger, Lasten und Speicher zu integrieren, die je nach Projekt in unterschiedlicher Kombination Verwendung finden. Viele Potenziale – beispielsweise im Hinblick auf das Lastmanagement – werden sich erst in Zukunft voll ausschöpfen lassen. Es ist daher bei der Entwicklung von Campūs für die Stadt von morgen von zentraler Bedeutung, Lösungen zu wählen, die in der Lage sind, neue technologische Entwicklungen zu integrieren und auf veränderte Bedürfnisse zu reagieren. Bei der Erfüllung dieser Anforderungen spielt die Digitalisierung eine Schlüsselrolle.

Der smarte Campus: Digitalisierung am Grid Edge
Erst die Digitalisierung macht die intelligente Vernetzung von Gebäuden und Infrastrukturen auf dem Campus möglich – ebenso wie die Kommunikation mit den umliegenden Systemen. Digitale Technologien sind damit eine Voraussetzung für die Realisierung eines smarten Campus, der aktiv zur Dekarbonisierung des Energiesystems beiträgt. Man spricht in diesem Zusammenhang auch von **Grid-Edge-Technologien**. „Grid Edge" („Netzrand") bezeichnet dabei die Schnittstelle zwischen der dezentralen Energieversorgung, der Nachfrage und dem öffentlichen Stromnetz. Grid-Edge-Technologien helfen, die Energieeffizienz von Gebäuden, Infrastrukturen und Industrieunternehmen zu optimieren. Sie ermöglichen es den Marktteilnehmern, erneuerbare Energien auf intelligente Weise einzusetzen und so die Kontrolle über ihre eigene Energieversorgung zu übernehmen. Kurz: Es geht um intelligentes Energiemanagement – und dabei spielen Daten eine zentrale Rolle. Diese werden von einem Netz von Sensoren auf

dem Campus erhoben. Zudem werden externe Daten einbezogen, etwa Wetter-informationen oder Energietarife. Auf dieser Grundlage ist ein smarter Campus fähig, Prognosen hinsichtlich des Energieverbrauchs und der Energieproduktion zu machen und selbstständig zu entscheiden, wie die verfügbare Energie am besten eingesetzt wird.

Der Campus-Betreiber kann dem System Optimierungsziele vorgeben: Soll der Campus möglichst niedrige Betriebskosten verursachen? Ist es das Ziel, den Energieeinkauf zu optimieren? Oder soll das System möglichst netzdienlich operieren und dabei Geld verdienen oder eine Kostenreduktion der Energiebezugskosten erzielen? In diesem Fall würde das System seinen Energieverbrauch so planen, dass Flexibilität extern vermarktet werden kann, zum Beispiel am Regelenergiemarkt. Auch wenn der smarte Campus sich auf Basis solcher Zielvorgaben weitgehend selbst organisieren kann, werden berechtigte Personen auch in Zukunft jederzeit die Möglichkeit haben, in die Abläufe einzugreifen und individuelle Anpassungen vorzunehmen. Das gilt nicht nur für die Betreiber, sondern selbstredend auch für alle, die auf einem smarten Campus leben und arbeiten: Nutzer und Bewohner können Parameter wie die Raumtemperatur oder die Beleuchtung ihren Bedürfnissen anpassen – das System sorgt dafür, dass diese Präferenzen im Energiemanagement berücksichtigt werden.

Zwangsläufig erfassen smarte Gebäude und Campūs dabei auch Daten, die letztlich Rückschlüsse auf Bewohner und Nutzer ermöglichen. Darum ist der Einsatz beispielsweise von Sensoren, die Bewegungen oder die Qualität der Raumluft messen, gerade in Wohngebäuden heikel. Nur wenn personenbezogene Daten sicher sind, findet der smarte Campus Akzeptanz. Wie weit der Datenschutz dabei gehen soll, ist letztlich eine gesellschaftspolitische respektive ethische Frage.

Es gibt jedoch technologische Ansätze, die einen Lösungsweg für den Umgang mit Daten andeuten: Computer werden immer kleiner und leistungsfähiger. Dadurch wird es möglich, immer mehr Daten dezentral zu verarbeiten, sprich: am Ort ihrer Erzeugung. Das Schlagwort für diese Entwicklung lautet *Edge Computing*. Daher ist zu erwarten, dass Daten künftig direkt auf dem Campus, im Gebäude und teilweise sogar direkt auf Feldebene beziehungsweise im Sensor prozessiert werden. Das bedeutet, dass weniger Daten an übergeordnete Systeme und an Schnittstellen (beispielsweise zu Energieanbietern) weitergegeben werden müssen, und wenn doch, dann vermehrt in aggregierter respektive anonymisierter Form. Dadurch erhöht sich die Datensicherheit, gleichzeitig sinken die Datenvolumina, die übertragen werden müssen. Hinzu kommt, dass sich die Betriebssicherheit erhöht, wenn die Daten auf dem Campus bleiben.

Die Zukunft der Stadt hat schon begonnen

Obwohl die Smart City in einem umfassenden Sinn heute noch eine Vision ist: den smarten Campus gibt es bereits – zum Beispiel in der Seestadt Aspern in Wien. Dieses „Living Lab" umfasst smarte Gebäude, die zu 100 Prozent mit erneuerbaren Energien versorgt werden und über ein virtuelles Kraftwerk Flexibilitäten nutzbar machen.

Auch in Kopenhagen ist mit dem Projekt EnergyLab Nordhavn ein zukunftsweisender Stadtteil im Entstehen, der als Smart-City-Energielabor genutzt wird. Das Projekt demonstriert eindrücklich, wie Strom und Heizung, energieeffiziente Gebäude und Elektromobilität in ein intelligentes, flexibles und optimiertes Energiesystem integriert werden können – und zugleich für die Bewohner ein äußerst attraktiver Lebensraum geschaffen wird.

Mit der „Siemensstadt 2" ist in Berlin ein weiteres großes Campus-Projekt in Planung: Auf einer Fläche von 70 Hektar entsteht hier ein offener und lebendiger Stadtteil, in dem Menschen aus aller Welt leben, lernen und arbeiten werden. Auch bei diesem Vorhaben ist ein emissionsfreies Stadtquartier das Ziel, inklusive umfassenden Mobilitätskonzepts.

Diese Beispiele zeigen, was heute schon möglich ist – gleichzeitig wird in allen drei Projekten an neuen Lösungen für die Stadt der Zukunft gearbeitet. Schließlich entwickelt sich die Technologie rasant weiter: So werden etwa der leistungsfähige Mobilfunkstandard 5G und WLAN-Technologien eine schnellere, unkomplizierte drahtlose Kommunikation der Campus-Systeme ermöglichen. Auch die Entwicklung digitaler Zwillinge schreitet voran. Sind es heute noch einzelne Gebäude und Netze, die in einem virtuellen Modell dargestellt werden, werden es morgen ganze Stadtgebiete sein. Das Potenzial solcher digitalen Infrastrukturzwillinge ist riesig. Es ist davon auszugehen, dass sie die Grundlage bilden werden für die Interaktionen aller Teilnehmer im intelligenten Ökosystem Stadt. Der einzelne Campus – sei es ein Stadtquartier, ein Flughafen, ein Krankenhaus oder eine Industrieanlage – wird Teil dieses Ökosystems sein. Oder, anders formuliert: Die Stadt der Zukunft ergibt sich aus der Summe ihrer smarten Campūs.

Rainer Monnet

Zukunftsfähige Prosperität für Immobilienunternehmen

Die Immobilienwirtschaft ist neben der Energie- und der Landwirtschaft in Bezug auf Klimarisiken der Sektor mit den größten Potenzialen für nachhaltiges Wirtschaften. Das Beharrungsvermögen, auf ausgetretenen Pfaden zu gehen oder im Krisenmodus befindlich andere Prioritäten zu setzen, ist Hemmschuh einer notwendigen zukünftigen Entwicklung. Vor Corona fragte uns die Jugend, wie viel Zeit ihr noch bleibt und wie viel an Ressourcen und Raum sie noch zum Leben haben wird. Corona-bedingt ist das Thema Nachhaltigkeit in der öffentlichen Debatte derweil nachrangig geworden. Am Handlungsbedarf hat sich nichts geändert. Außer dass wertvolle Zeit verstrichen ist. Wir stehen immer noch vor denselben komplexen Aufgaben, für die es keine einfachen Lösungen zu geben scheint. Die Kardinalfrage ist, was wir unternehmen, um unsere natürlichen, kulturellen und materiellen Werte und Ressourcen nicht zu verspielen.

Nachhaltige Indikatoren wurden inzwischen in die Unternehmensberichterstattung aufgenommen. Kriterien wie Environment, Social und Governance (ESG) hielten Einzug in viele Immobilienunternehmen. Das Netzwerk der Principles of Responsible Investments (PRI) der UN ruft zur Integration von ESG-Faktoren bei Investmententscheidungen auf. Das Europäische Parlament verpflichtet seit 2013 Unternehmen ab einer Größe von 500 Mitarbeitenden, auch die nicht finanziellen Informationen im Lagebericht zu veröffentlichen. Neben den ESG haben sich der Deutsche Nachhaltigkeitskodex (DNK), die 17 Sustainability Development Goals (SDG) der Vereinten Nationen, die Global Reporting Initiative (GRI) und die Gemeinwohlökonomie (GWÖ) als Reporting Standards im Markt etabliert. Ob jedoch die Methoden der Messung langfristig der Überprüfung standhalten, gilt als noch nicht erwiesen. Inwieweit ist die Wirksamkeit der Kriterien und der Maßnahmen nachweisbar? Um eine Antwort zu finden und das große Ganze zu sehen, wenden wir uns der Bilanzierung und dem Wesen der Werte zu.

Spiegeln Bilanzen die tatsächlichen Verhältnisse in einem Unternehmen wider? Bilden sie vollständig und wahrheitsgemäß die unternehmerischen Prozesse ab? Für die meisten Mitarbeitenden und Führungskräfte sind Bilanzen langweilig. Es macht wenig Freude, sich damit zu beschäftigen. Geschweige denn, zu lernen, eine Bilanz zu erstellen. In Bilanzen sehen wir üblicherweise ein Zahlenwerk. Die finanzielle Entwicklung der Geschäftsaktivitäten während eines Zeitraums wird in Aktiva und Passiva abgebildet. Doch was ist mit der Vielfalt der anderen unternehmerischen Belange? Und wie steht es mit der Zukunft des Unternehmens? Was können wir in der Bilanz in buchbaren Werten ergänzen? Das Handelsgesetzbuch (HGB § 238 ff.) schreibt sogar vor, richtig, vollständig und wahrheitsgemäß zu bilanzieren. Nur werden Bilanzen bislang vereinfacht und auf rein finanzielle Aspekte und fiskalische Anforderungen reduziert. Was änderte sich, würde korrekt und vollständig bilanziert? Liegt uns mit der Bilanz vielleicht ein viel größeres und wirkmächtigeres Instrument vor, um die Vermessung der unternehmerischen Wirklichkeit exakter zu erreichen? Viele Werte, für die bereits in Unternehmen gearbeitet wird, würden sichtbar und bewertbar. Bislang wenig Gesehenes würde offenbar. Neben den Potenzialen würden auch die Risiken und Gefahren klarer. Wir benötigen Methoden, die unsere Bilanzen um soziale, ökologische, nachhaltige und kulturelle Faktoren bereichern. Die gewöhnliche Bilanz wird um wesentliche Gesichtspunkte ergänzt und so auf ein höheres Niveau gehoben. Um die Bedeutung der Werte besser zu verstehen, gestatten wir uns einen philosophischen Exkurs.

Die Bedeutung von Werten für ein Unternehmen

Welche Werte spielen für ein Unternehmen eine entscheidende Rolle? Wie werden diese Werte bilanziell sichtbar und vor allem wirksam? Weit über hundert Werte sind in der westlichen Welt von Belang. Interessant dabei ist, dass eine große Anzahl von Werten als Hebel der Wertschöpfung wirken. Jedoch werden sie bislang nicht erkannt und in der Bilanz auch nicht gewürdigt. Die Wertemessung dient der erhöhten Übersichtlichkeit von Prozessen und der Entscheidungsfindung. Nutzbar ist sie ebenfalls bei der Verfolgung und Überprüfung von Wirkungen.

Um der technologischen Entwicklung standzuhalten, benötigen wir mehr Anschluss an die Quellen der Inspiration. In Deutschland sind wir Erben und

Nachkommen eines übergroßen und auf der ganzen Welt anerkannten groß-
artigen Geistes- und Kulturguts – eines Reichs der Ideen, der Künste und der
Innovationen. Genau hier schwächeln wir im internationalen Vergleich. Taugli-
che Anschlusspunkte sind die Werte, die unser Leben und Arbeiten bestimmen.
Ein Sich-Anschließen gelingt durch Kreativität. Jeder Erfinder oder Künstler weiß
darum. Große Veränderungen oder (Er-)Findungen in der Menschheitsgeschichte
waren inspiriert – von Wenigen oder Einzelnen. Ihren Impulsen folgten viele.

Wer vor dem Portal der Kathedrale von Chartres steht und Eingang findet,
kann ehrfürchtig und demütig werden, ohne religiös zu sein. Was wussten die
Menschen bereits vor Jahrhunderten und was vollbrachten sie? Welche Werte
hatten sie? Welche Ziele erreichten sie? Mit bescheidenen technischen Mitteln
vollbrachten sie Unglaubliches. In gewisser Weise sind wir Knirpse auf Schultern von Riesen. Die Erweckung kreativer Fähigkeiten und deren Förderung ist
eine der zentralen Aufgaben für eine prospektive Zukunft. Sie garantiert bestän-
dige Erneuerung und Weiterentwicklung. Für Kreativität gibt es keine Mehrzahl.
Jeder Einzelne kann sie entdecken. Die Kreativität ist auch die Mitspielerin des
Wissens. Potenziale zu fördern bedeutet, einen Raum für Autonomie zu schaffen.
Zusammen mit der Kreativität wächst die Begeisterung: für persönliche Aufgaben und ein Zusammenarbeiten an gemeinsamen Zielen. Werte lassen sich weder
dirigieren, verordnen noch erkaufen. Als geistige Entitäten haben Werte sich uns
teilweise wegen Missbrauchs oder durch Vergessen entzogen. Sie existieren aber
und warten auf uns. Befreit von Politik, rechts, links, Gier, Sucht und Macht können sie unsere Helfer werden. Wenn wir sie zu unseren Freunden machen. Sie
geben uns Maß, Mitte und Orientierung. Ziele können wir mit ihrer Hilfe erreichen. Sie schaffen ein Framework, einen Rahmen, in dem wir arbeiten können.
Auch Werte unterliegen in ihrer jeweiligen Konstellation dem Wandel. Sie stellen
in gewisser Weise unsere Klaviatur dar. Es gibt hohe, reiche Werte wie Freiheit
und Würde. Freude, Wissen, Kreativität, aber auch Sicherheit, Gesundheit und
finanzielles Wohlergehen gehören zu den Werten, die wir im Alltag umsetzen
können und die einen irdischen Charakter haben.

Anderes Wirtschaften erfordert ganzheitliches Bilanzieren

Die Buchführung wurde bereits vor mehr als fünfhundert Jahren erfunden
von dem italienischen Mathematiker Luca Pacioli, der auch mit Leonardo da Vinci

befreundet war. Pacioli wurde ebenfalls bekannt für die Beschreibung des goldenen Schnitts. Er legte die Gesetze der doppelten Buchführung und Bilanzierung als Erster schriftlich dar. Die klassische Bilanz weist Lücken auf. Sie ist in dieser Form den dynamischen Anforderungen der Weltmärkte und Unternehmen in Bezug auf Agilität, Nachhaltigkeit, Risiko, Begeisterung, Motivation, Identifikation und Verfolgung von Wertentstehungen nicht gewachsen. Wie sieht die gelebte Bilanzpraxis aus? Viele der unternehmerischen Abläufe geschehen jenseits der Buchhaltung. Verborgen, nicht gesehen oder externalisiert. All das benötigt ein werthaltiges und verlässliches System. Auf der einen Seite muss es Freiheitsgrade für Unternehmensentwicklung in sich tragen. Auf der anderen Seite benötigt es einen klaren Rahmen. In eine neue Form der Bilanzierung gegossen gehört vor allem die Schöpfung von Werten. Die Wertschöpfung genauer zu erfassen und zu verfolgen ist das Ziel. Die gewöhnliche Bilanz wird so um wesentliche Gesichtspunkte ergänzt und auf ein höheres Niveau gehoben. Unternehmen, die lernen, mehr Werte („Mehrwert") zu bilanzieren, machen transparent, was sie sozial, kulturell, ökologisch und nachhaltig leisten; auch für das Allgemeinwohl. Eine neue Bilanzform spiegelt dann die ökonomischen Verhältnisse realistischer und der unternehmerischen Wirklichkeit adäquat. Es benötigt Mut, sich ins Land der Werte und ihrer Wirkungen auf den unternehmerischen Genius zu wagen. Zufriedenheit bereitet es den Mitarbeitern, wenn sie sehen, dass die identifizierten Werte auch tatsächlich in der Bilanz Niederschlag finden. Am Ende steht eine Bilanz, die sich qualitativ sehen lassen kann. Auch deswegen, weil durch gemeinsames Hinsehen Neues entdeckt wurde. Durch die Anwendung des Systems der neuen Bilanzierung entsteht auf jeden Fall ein wertesensibilisiertes neues Bewusstsein. Dabei hilft auch die Wirkungsbuchhaltung als elementarer Bestandteil der neuen Bilanzform. Sie nimmt die Zukunft ins Visier.

Value Balance: Zeige, was du unternimmst, und belege, was du erreichst

Unternehmen werten ihr Unternehmen durch den Einsatz der neuen Bilanzform auf. Die Bilanzierung von morgen beinhaltet eine realistische Abbildung von Vermögen und Ressourcen. Das bedeutet ein exaktes Erfassen und Verfolgen der Wertschöpfungen in den Bereichen Ökologie, Kultur, Soziales und Wirtschaftlichkeit. Integraler Bestandteil ist eine einfache und wirklichkeitsgetreue Nachhaltigkeitsbuchhaltung. Sie bildet den Umgang mit Ressourcen im wirtschaftlichen Sinne ab. Verbrauch, Gebrauch, Vernichtung und Renaturierung natürlicher Ressourcen werden an der richtigen Stelle gebucht und aufgenommen. Die Verantwortung für die weitere Nutzung der verwendeten Rohstoffe verbleibt im Unternehmen. Ressourcen wie Natur, Fähigkeiten, Wissen, Innovationsvermögen, Patentwerte, Rohstoffe, Kultur und Daten bestimmen die Buchführung der Zukunft. Als Vermögen und Aktiva: in Euro und Cent! So können moderne Unternehmen die Grundlage zukunftsfähiger Prosperität, Ökonomie und Ökologie schaffen.

Die Bedeutung der natürlichen Ressourcen

Ein konkretes Beispiel sind die Prinzipien der Kreislaufwirtschaft in der Bauindustrie. Noch vor 100 Jahren konnten wir die Zahl der verwendeten Baustoffe an zwei Händen abzählen. Heute befinden wir uns im vierstelligen Bereich. In den Niederlanden und der Schweiz hat sich ein „Madaster" für Baustoffe etabliert. Die Plattform funktioniert wie ein elektronisches Kataster: Eine Datenbank verwaltet alle verwendeten Baustoffe der Gebäude. Mit Einträgen zu Ort, Rohstoffen und Menge kann auch in 100 Jahren noch nachvollzogen werden, wo genau, an welchem Ort und in welcher Etage die Roh- und Baustoffe verbaut sind. Denken wir uns das Madaster nun als Bestandteil der Bilanz – wo müsste die Verbuchung stattfinden? Die Bau- und Rohstoffe würden einzeln im Anlagevermögen der Bilanz detailliert verbucht. So behalten die Immobilienunternehmen den Überblick über ihre in Besitz genommenen Ressourcen und können im Falle eines Verkaufs oder eines Abrisses genau belegen, welche Rohstoffe im Gebäude stecken. Diese Aktivierung sorgt dafür, dass Bewusstsein und Wissen über die einzelnen Bau- und Rohstoffe nicht verloren gehen. Es sei denn, sie werden abgeschrieben oder ausgebucht. So sehen die Rohstoffminen der Zukunft aus. Das alles hört sich nach viel Aufwand an. Teile dieser Informationen haben wir bereits von unseren Lieferanten auf den digitalen Rechnungen. Fehlendes könnten die Lieferanten in Zukunft genauer auf den Rechnungen aufschlüsseln. Für ein modernes, durchdigitalisiertes Immobilienunternehmen stellt das keine wirkliche Hürde dar. Die Verbuchung in das (Anlage-)Vermögen des Unternehmens dokumentiert die Inbesitznahme und die damit verbundene Verantwortung für das Gut Baustoff. Dieses Wissen ist spätestens in 50 Jahren Gold wert. Denn Ressourcen werden knapper. Ein intelligenter Umgang damit wird sich langfristig auszahlen. Im

Sammelposten „Gebäude X" im Anlagevermögen steht ein Betrag, der inhaltlich so gut wie keine Auskunft über Rohstoffe oder den tatsächlichen Wert der Immobilie gibt. Des Weiteren haben Daten in solcher Güte (Ort, Entstehungszeitpunkt, Rohstoffart, Menge, Gewicht und so weiter) großes Potenzial für reale Nachhaltigkeitsmessungen. Wer sorglos mit den Rohstoffen umgeht und sie nicht wiederverwendet oder zurückholt, verschenkt Bares.

KPIs und Reportings werden integraler Bestandteil der Bilanz

Kommen wir nochmals auf den Gesichtspunkt der Nachhaltigkeit vom Anfang zurück. Werden unsere Bestrebungen zu mehr Nachhaltigkeit und Mehrwerten dadurch gelöst, dass wir sie im Anhang der Bilanz behandeln? Reportings haben deskriptorischen Charakter. Die Indikatoren sollten in Zahlen und Euros transferiert werden und als integrale Bestandteile in die Bilanz gelangen. Die Messpunkte, Verfahren und Ergebnisse der Messungen erhalten so einen anderen Stellenwert. Reportings haben wenig allgemeingültigen Charakter und sind nur bedingt vergleichbar. Noch weniger könnten sie für eine Kompensation oder Besteuerung als Bemessungsgrundlage herangezogen werden. Ob ich 10 Prozent weniger Treibhausgas produziert habe, ist relativ (Reporting). Wie viel Aufwendungen das für ein Unternehmen in Euro bedeutet hat, ist viel interessanter. Es kann eine steuerlich relevante Größe sein. Es würde transparenter, welche Einnahmen oder Vermeidung von risikobedingten Ausgaben es nach sich zieht. Unsere unsachgemäße Steuerpolitik könnte sich ändern. Ressourcenschonendes Wirtschaften würde durch weniger Steuern begünstigt. Es entstehen dadurch Wettbewerbsvorteile für Produkte, die so zu günstigeren Preisen angeboten werden können. So erhielten Steuern ihren Sinn.

Aus der Sicht von Investoren

Investments sind nach der reinen Lehre die Grundlage zur Kapitalmehrung. Gängige Anlageobjekte sind Immobilien, Liegenschaften, Aktien, Genossenschaftsanteile und Kunstwerke. Investitionen sind im Großen und Ganzen durch drei Paradigmen bestimmt: Renditen, Wertsteigerung und hohe Verkaufserlöse. Die Börsenbewegungen sind ein Spiegel dieser Haltungen. Die Börsen stellen Markttransparenz, Effizienz und Marktliquidität her. Auch Derivate sind Börsenprodukte. Sie dienen dem Transfer von Risiken. Es hat sich im Finanzsystem eine ungefähre Rangordnung etabliert: Investmentgesellschaften, Investoren, Banken, Unternehmen, Anlageobjekte und zu guter Letzt der Mensch. Dahinter steht die Annahme, dass Profite oder Erträge im Prinzip grenzenlos erzielbar seien und sich stets steigern könnten. Mit der Etablierung der Börsen und der Instrumente der Finanzwirtschaft wurde ein Teil der Feststellung von Unternehmenswerten und deren Bewertung in die Hände der Börsianer und Shareholder ausgelagert. Ein weiteres Paradigma ist, dass Kapitalanleger der Ansicht sind, die erworbene Anleihe sei ihr Eigentum. Allerdings mit möglichst wenig Verantwortungsübernahme. Die vorherrschende Haltung der Investoren bei Kaufentscheidungen gilt der Priorisierung finanzieller Gesichtspunkte. Profitzentrierung und Renditeoptimierung stehen im Vordergrund. Die Investition soll sich rechnen und lohnen, gleichbedeutend einer Wertsteigerung durch möglichst wenig Leistung oder Aufwand. Es gibt viele Wege und Methoden der Bewertung. Zwei wollen wir herausstellen. Die erste gilt als konventionelle Herangehensweise. Es werden finanzielle Kennzahlen und KPIs zur Prüfung herangezogen. In einer Due Diligence geht es zunächst um harte Fakten wie Eigenkapitalrendite, Bilanzkennzahlen wie Liquidität, Verschuldung, Geschäftsaktivitäten und Kapitalstruktur. Umsatzwachstum und Umsatzziele werden ebenfalls ins Visier genommen. In der zweiten Sichtung, der Beteiligungswürdigkeitsprüfung, wird das Ist der unternehmerischen Umsetzungskraft analysiert. Wie attraktiv ist das Unternehmen im Markt und was sind seine Wachstumspotenziale? Stehen das Management und die Strukturen und Prozesse auf stabilen Füßen? Wie sieht die Struktur der Konsumierenden aus und wie ist das Verhältnis von Ertragskraft und Risiko? Wie innovativ ist das Unternehmen und wie steht es der Konkurrenz gegenüber? Lassen die beiden Sichtweisen, reine BWL, Organisation und ROI, Platz für Nachhaltigkeit oder andere Betrachtungsweisen?

Hier können die in den herkömmlichen Bilanzen bislang fehlenden Werte hinzugezogen werden. Vermögenssteigerung und Gesichtspunkte der Wertschöpfung stehen im Vordergrund. Profit- und Kapitalmehrung treten in den Hintergrund, was nicht bedeutet, dass keine Gewinne erzielt werden sollen. Das Unternehmen oder das Finanzierungsobjekt wird prinzipiell als wertvoll betrachtet. Es ist eine Investition wert. Die Wertsteigerung wird zum Wohl aller Beteiligten und Betroffenen erzielt und erarbeitet. Shared Profits heißt die neue Devise. Werthaltigkeit ist ein Prinzip der Zukunftsfähigkeit. Dies bedeutet Substanzerhaltung und -steigerung. Dabei interessieren Effizienz, Zufriedenheit von Konsumierenden, Mitarbeitenden und Lieferfirmen ebenso wie der Wert von Wissen, Innovationen und Patenten. Wie hoch der tatsächliche Vermögenswert der Anlagen oder der Aktiva ist, wird Gegenstand der Untersuchung einer Wertebilanz. Wertsteigernde Faktoren wie auch verstecktes Vermögen werden erkannt und darstellbar herausgearbeitet. Dazu zählen nachhaltig ökologische, soziale, kulturelle und menschliche Ressourcen.

Einige Werte stellen wir kurz dar als erweiterte Analysepunkte, die zeigen, ob und wie diese Werte im Unternehmen gelebt werden.

- Transparenz und Kommunikation: Welchen Ruf hat das Unternehmen? Wird die interne und externe Kommunikation offen gelebt?
- Zukunftsfähigkeit und Potenziale: Wie innovativ ist das Unternehmen und wie gezielt werden Mitarbeiter qualifiziert?
- Purpose und Zufriedenheit: Wie intensiv sind die Mitarbeiter mit den Unternehmenszielen bekannt und identifizieren sie sich mit diesen?
- Effizienz und Effektivität: Wie ist der Umsetzungsgrad von Unternehmenszielen?
- Nachhaltigkeit und Resilienz: Besteht das Unternehmen einen Stresstest und ist nachhaltiges Wirtschaften Unternehmenszweck?
- Altruismus und Allgemeinwohl: Was gibt das Unternehmen der Gesellschaft zurück?
- Erkenntnis und Entwicklung: Wie werden Mitarbeiter gefördert und welche Leistungen erwachsen daraus?
- Gerechtigkeit und Verantwortung: Wie werden Gleichstellung und die Einkommensfrage im Unternehmen gelebt?

Die Analyse ersetzt natürlich nicht die konventionelle Sicht der Due Diligence. Sie dient als eine Ergänzung zu einer ganzheitlichen Bewertung.

Das Dreigestirn Wohlstand, Ökologie und Ökonomie scheint bislang in Disbalance zu stehen und sich nicht zu vertragen. Wir zehren unsere Ressourcen auf. Um diesen Dreiklang in eine Harmonie zu transformieren, bedarf es der Neuausrichtung unserer Unternehmensmetrik. Das Instrument ist die Bilanz. Maß, Messung und Monitoring gilt es weiterzuentwickeln. Sie müssen uns verlässlich anzeigen, wo wir stehen, und Disharmonien frühzeitig signalisieren. Wenn eine der drei Komponenten zu kurz kommt oder die anderen zu viel Platz einnehmen, zeigt die Bilanz den Handlungsbedarf. Korrekt und realistischer bilanzieren lohnt sich, auch weil Schaden abgewendet werden kann. In der Bilanz liegt der Schlüssel zur zukünftigen Prosperität. Wir haben das ökonomische Werkzeug bereits. Wir müssen nur lernen, es den Notwendigkeiten anzupassen, um unseren komplexen Anforderungen gerecht zu werden. Die Wertebilanz folgt einem ganzheitlichen Ansatz der Unternehmensbewertung, erweitert gegenüber der herkömmlichen Bilanz um Werte, die sich in einem definierten Zeitraum real entwickeln oder in einer Zielplanung prognostiziert werden. Der konkreten gesamtgesellschaftlichen Entwicklung speziell in Fragen der Digitalisierung, Globalisierung und der ökologischen Nachhaltigkeit folgend, ergeben sich immer neue wertschöpfende Prozesse und Produkte. Diesen Wertschöpfungsprozessen wird in der Wertebilanz Rechnung getragen. Die Wertebilanz beansprucht insofern, wirtschaftliche Aspekte, die bislang in Partikularbilanzen wie Ökobilanz, Sozialbilanz, Gemeinwohlbilanz oder Energiebilanz behandelt werden, mit einzubeziehen und geldwert messbar zu machen. Dabei wird das Gemeinsame von Ökonomie und Ökologie betont, ganz im Sinne des altgriechischen Begriffs *oikos*.

Durch Wertebilanzen ergibt sich ein anderes, neues und nachhaltiges Bild eines Immobilienunternehmens.

Herausgeberin/Autoren

Die Herausgeberin

Sabine Eckhardt ist seit April 2020 CEO Central Europe des internationalen, an der New Yorker Börse gelisteten Immobilienkonzerns JLL. Zuvor war sie bis April 2019 Vorständin des DAX/MDAX-Konzerns ProSiebenSat.1 Media. Die Aufsichts- und Beirätin Eckhardt zählt laut *Manager Magazin* zu den einflussreichsten Frauen der deutschen Wirtschaft. An der Ludwig-Maximilians-Universität in München studierte sie Germanistik, Philosophie und Mediävistik mit Abschluss Magister Artium. Im Rahmen des Erasmus-Programms studierte sie auch in Pisa. Außerdem war sie mehrere Jahre lang Stipendiatin der Hans-Rudolf-Stiftung. www.jll.de

Die Autoren

Dr. Kurt E. Becker ist Publizist und Autor von mehr als 40 Büchern zur Frage der Zeit und des Menschen in ihr. Anfang 2021 erschien das Buch *Der behauste Mensch* im Patmos-Verlag, Ostfildern. Zudem verfasste er zahlreiche Magazin-, Zeitungs- und Zeitschriftenbeiträge zu unterschiedlichsten Themen aus den Bereichen Führung und Kommunikation; dabei thematisierte er immer wieder die Umwelt- und Klimakrise. Becker ist Unternehmer, Universitätsdozent, Kommunikationsberater, Medien- und Executive Coach von Führungskräften der Wirtschaft und des öffentlichen Lebens. Auf freier Basis ist er mandatsbezogen verantwortlich integriert in das Kommunikationsmanagement von Unternehmen, seit 1988 bis dato zum Beispiel bei JLL. Er studierte politische Wissenschaften, Soziologie, Psychologie, Philosophie und Pädagogik in Freiburg/Breisgau und Stuttgart. www.dr-keb.de

Dr. Hans-Michael Brey, FRICS, ist Vorstandsvorsitzender der Stiftung Berliner Leben. Davor war er geschäftsführendes Vorstandsmitglied in der Akademie der Immobilienwirtschaft, Berlin, und Generalsekretär des Deutschen Verbandes für Wohnungswesen, Städtebau und Raumordnung e.V. Er studierte an der Universität Bonn Politikwissenschaft, Neuere Geschichte und Soziologie. Daran schloss sich ein Postgraduiertenstudiengang u. a. im Fach Städtebau an. An der

Fernuniversität Hagen absolvierte er ein Fachstudium zum Betriebswirt (IWW). www.stiftung-berliner-leben.de

Dr. Stefan Fahrländer ist Gründer, Präsident des Verwaltungsrats und Partner bei Fahrländer Partner, Bern, Frankfurt am Main und Zürich. Der Volkswirt und Ökonometriker, Unternehmer, Wissenschaftler und IT-Experte ist Autor zahlreicher Fachpublikationen und hat Lehraufträge am Center for Urban & Real Estate Management (CUREM) der Universität Zürich sowie an der Universität Stuttgart. Er ist Mitglied der Eidgenössischen Kommission für Lärmbekämpfung EKLB, Vorstandsmitglied der Swiss Real Estate Investment Data Association (REIDA) und Präsident des Verwaltungsrats des Swiss Institute of Real Estate Appraisal (SIREA). Fahrländer ist als Gerichtsexperte auf dem Fachgebiet der Immobilienbewertung gemäß Norm SEC 04.1 zertifiziert (Nr. 0117). www.fpre.ch

Raphael Gielgen ist Trendscout „Zukunft der Arbeit" bei der Vitra GmbH. Selbst von seinen Arbeitskollegen halten ihn einige für verrückt. Seine unbändige Neugier, die rastlose Sucht nach Erklärungen und die Lust, alles auf den Kopf zu stellen, machen ihn zuweilen unbequem – und wenn er nach einer langen Reise wieder einmal im Büro erscheint, erzählt er von Dingen, die mehr nach virtueller Utopie als nach gelebter Wirklichkeit klingen. Er besucht mehr als 100 Unternehmen, Universitäten und Start-ups im Jahr, die Welt ist sein Arbeitsplatz, die Zukunft sein Forschungsgebiet. Er ist auf der Suche nach dem „Quellcode" der Arbeitswelt. Die Erkenntnisse und Erfahrungen dokumentiert er auf einem „Panorama", einer Landkarte der Trends und Muster einer neuen Welt. www.vitra.com

Prof. Dr. Martin Greiffenhagen (1928–2004) war Ordinarius und Professor für Politikwissenschaft an der Universität Stuttgart und leitete dort das politikwissenschaftliche Institut. Von 1991 bis 1992 war er Gründungsbeauftragter an der Pädagogischen Hochschule Erfurt. Greiffenhagen beschäftigte sich u. a. mit der Geschichte der politischen Kultur in Deutschland. 1981 gab er gemeinsam mit seiner Frau, der Politikwissenschaftlerin Sylvia Greiffenhagen, das *Handwörterbuch zur politischen Kultur der Bundesrepublik,* das erste und einzige Nachschlagewerk dazu, heraus. Im Jahr nach seiner Emeritierung als Ordinarius in Stuttgart publizierte er 1991 einen fakultativ übergreifenden Essay zum „Wohnen im Wertewandel", zeitlos Relevantes zum Leben und Wohnen an sich thema-

tisierend, mit freundlicher Genehmigung seiner Witwe in diesem Buch wieder-
abgedruckt.

Christian Huttenloher ist seit 2010 Vorstand und Generalsekretär des Deutschen Verbands für Wohnungswesen, Städtebau und Raumordnung e.V. Zuvor
war der Diplom-Geograf Geschäftsführer und Leiter des Brüsseler Büros des
Verbands, Mitglied des Vorstands von Urbanicom Deutscher Verein für Stadtentwicklung und Handel e.V., stellvertretender Kuratoriumsvorsitzender des
Verbands Wohneigentum e.V. sowie Mitglied im Kuratorium des Fraunhofer-
Informationszentrums Raum und Bau und Mitglied im Fachbeirat der Wohnraumversorgung Berlin. www.deutscher-verband.org

Dr. Jonas K. Löser ist Risikoberater und Dozent. An der Dualen Hochschule
Baden-Württemberg lehrt er im Bereich Projektmanagement. Der studierte Sozial-
wissenschaftler ist Experte für die Inklusion von Nutzerbedürfnissen beim Pla-
nungs- und Entstehungsprozess von Bauprojekten. Er war wissenschaftlicher
Mitarbeiter an der Universität Stuttgart und der Universität Hohenheim und
forschte und lehrte im Bereich der Einstellungs- und Verhaltensforschung sowie
der Kommunikationswissenschaften. Derzeit ist er bei einem weltweit führenden
Industrieversicherungsmakler und Risikoberater tätig.

Rainer Monnet studierte Maschinenbau an der RWTH Aachen und Pädagogik am Institut für Waldorfpädagogik Witten. Ab 1993 baute er die Freie Wal-
dorfschule Markgräflerland auf und war über ein Jahrzehnt Gründungsvorstand
des Fördervereins. Ab 2000 war er für zehn Jahre im Global Research, Consulting
und als Innovation Manager bei der SAP AG tätig. 2012 gründete er sein eigenes
Beratungsunternehmen für Innovationsmanagement, Strategie- und Unternehmensentwicklung. Er entwickelte ein eigenes System zur Bilanzierung von Werten aus Ökologie, Nachhaltigkeit, Kultur und Sozialem als integralem Bestandteil
von Unternehmensbilanzen. www.wertebilanz.com

Nikolas Samios ist Managing Partner von PropTech1 Ventures, einem bran-
chenspezifischen Venture-Capital-Fonds, der in europäische PropTech-Start-ups
investiert. In dieser Funktion sowie seinen vorherigen unternehmerischen Aktivitäten – beispielsweise als Managing Partner des VC Family Offices Cooperativa
und als Managing Director von Brandenburg Ventures – nahm er an mehr
als 100 Transaktionen auf beiden Seiten des Verhandlungstischs teil. Zum Thema
Venture-Capital-Methodik hält er Vorträge, veröffentlicht Fachartikel und ist

Autor des Buchs *Dealterms.vc: Von Handwerk, Kunst und Philosophie der Venture-Capital-Finanzierung von Startups in Deutschland.* https://proptech1.ventures

Dr. Michael Weinhold leitet die Stabsabteilung Technik und Innovation von Siemens Smart Infrastructure, wo er sich unter anderem mit Spitzentechnologien im Bereich der Stromnetze und intelligenter Gebäude sowie deren Vernetzung mithilfe der Digitalisierung beschäftigt. Datenanalysen und künstliche Intelligenz, Leistungselektronik und Netzsicherheit sind weitere Bestandteile seines Aufgabengebiets. Zuvor verantwortete er als CTO die Technologieentwicklungen bei der Siemens Energy Management Division. Weinhold war bis 2020 Mitglied des Hauptvorstands des Branchenverbands Bitkom e. V. und bis 2019 Lehrbeauftragter an der Danmarks Tekniske Universitet, Lyngby. Sein Studium der Elektrotechnik absolvierte er 1983 bis 1988 an der Ruhr-Universität Bochum und promovierte dort anschließend am Lehrstuhl für Erzeugung und Anwendung elektrischer Energie. https://new.siemens.com/global/de/unternehmen/ueber-uns/unternehmensstruktur/smart-infrastructure.html

Prof. Dr. Yasmin Weiß ist Professorin für Betriebswirtschaftslehre, mehrfache Aufsichtsrätin, Start-up-Gründerin und Politikberaterin. Sie startete ihre Karriere zunächst in der Unternehmensberatung Accenture und setzte sie bei den DAX-30-Unternehmen E.ON AG und BMW Group fort. Im Jahr 2018 gründete sie das Start-up Yoloa. Yasmin Weiß hat eine Professur an der Technischen Hochschule Nürnberg inne. Ihre Forschungsschwerpunkte beziehen sich auf die Themen Arbeitswelt und Kompetenzen der Zukunft. Zwischen 2014 und 2017 gehörte sie dem Innovationssteuerkreis der Bundesregierung an. Sie ist Patin des Programms „BayFiD – Bayerns Frauen in Digitalberufen", mit dem das bayerische Staatsministerium für Digitales weibliche Talente im Digitalbereich fördert.

Dr. Martin C. Wolff ist Unternehmer und Wissenschaftler. Als Gründer und Geschäftsführer von Hightech-Unternehmen lebt er in der unternehmerischen Praxis der Innovation. Als Wissenschaftler lehrt er an der Humboldt Universität zu Berlin sowie an der Beuth Hochschule für Technik zu Philosophie, Digitaler Ökonomie und Ethik im digitalen Zeitalter. Er ist Vorsitzender des Clausewitz Netzwerks für strategische Studien. Dr. Wolff berät die Führungsebene von Behörden und Unternehmen in der Tiefe und Breite der Digitalisierungsfragen. www.mcwolff.de

Personenverzeichnis